"十四五"职业教育国家规划教材

设计思维与方法

Design Thinking and Methods

第三版

叶丹　刘星　主编

刘观庆　审

化学工业出版社

·北京·

内容简介

本书以努力培养造就一流人才、大国工匠为引领，聚焦于设计思维体系构建与实践应用，旨在培养学生通过系统性思维、创新方法解决复杂问题的能力。全书以"理论奠基—思维拓展—实践转化"为主线，融合经典理论与前沿技术，结合多学科视角与设计工作坊实践，通过5章内容，即设计思维概述、思维工具、知觉思维、设计研究和设计思维工作坊，引导学生通过系统性学习，掌握设计思维的底层逻辑，具备从用户洞察到方案落地的全流程能力，为应对数字化时代的挑战奠定坚实基础。书中配套课程微视频、实训活页、课件PPT、教学大纲。

本书适合作为高等院校产品艺术设计、工业设计、数字媒体艺术设计、视觉传达设计、艺术设计等专业教材，也可为相关设计行业人士提供参考。

图书在版编目（CIP）数据

设计思维与方法 / 叶丹，刘星主编. -- 3版.
北京 ： 化学工业出版社，2025.9. --（"十四五"职业
教育国家规划教材）. -- ISBN 978-7-122-48151-1

Ⅰ . J06

中国国家版本馆CIP数据核字第2025DZ1297号

责任编辑：张　阳
责任校对：边　涛　　　　　　装帧设计：梧桐影

出版发行：化学工业出版社
　　　　　（北京市东城区青年湖南街13号　邮政编码100011）
印　　装：中煤（北京）印务有限公司
787mm×1092mm　1/16　印张10　字数202千字
2025年10月北京第3版第1次印刷

购书咨询：010-64518888　　　　售后服务：010-64518899
网　　址：http://www.cip.com.cn
凡购买本书，如有缺损质量问题，本社销售中心负责调换。

定　　价：65.00元　　　　　　　　版权所有　违者必究

第 三 版 前 言

当前，世界发生了翻天覆地的变化：全球经济深度融合，技术迭代日新月异，人工智能（AI）浪潮席卷而来，我们正身处一个前所未有的变革时代。在这个快速变化的时代，设计不再仅仅关乎美学，更成为推动创新、解决复杂问题、创造美好未来的关键力量。因此，设计思维作为一种以人为本、面向创新的解决问题的方法论，其重要性愈发凸显。

本书初版旨在为读者提供一个全面而系统的设计思维框架，涵盖了设计思维概述、思维工具、知觉思维、设计研究以及设计思维工作坊等内容。这些内容在当时为读者理解设计思维的本质、掌握设计思维的方法提供了有益指导。然而，面对新的时代背景和技术环境，我们有必要对本书进行及时更新和升级，以更好地回应时代需求，帮助读者在新的挑战中运用设计思维取得成功。

在全球经济技术迅猛发展的环境下，设计思维的重要作用集中体现在以下几个方面：

驱动创新——设计思维鼓励突破常规、探索未知，为企业和社会带来持续的创新动力。它强调从用户需求出发，通过迭代和原型测试，不断优化解决方案，从而创造出更具价值和市场竞争力的产品、服务和体验。

解决复杂问题——当今世界面临着诸多复杂挑战，如气候变化、资源短缺、发展不均衡等。设计思维提供了一种系统性的方法，帮助我们从多个角度审视问题，整合各方利益，找到切实可行的解决方案。

提升用户体验——设计思维始终将用户放在中心位置，通过深入的用户研究和同理心理解，洞察用户需求，从而设计出更加人性化、便捷和愉悦的产品和服务，提升用户体验和满意度。

促进跨学科合作——设计思维强调团队合作和跨学科协作，它打破了传统学科的界限，鼓励不同背景的专业人士共同参与，发挥各自的优势，实现协同创新。

在AI时代，设计思维与AI的关系也日益紧密。AI技术为设计提供了强大的工具和平台，可以帮助设计师更高效地进行分析、建模、生成和优化设计方案。同时，AI也带来了新的挑战，例如，如何处理海量数据，如何应对算法偏见，如何保持设计的伦理和人文关怀，等等。在这样的背景下，设计思维的价值更加凸显。

本教材第三版中，我们结合最新的设计趋势和技术发展，对上一版内容进行了全面的修订和补充。第一，更新案例，替换了部分陈旧的案例，补充了来自不同领域、不同文化背景的最新案例，以更好地展现设计思维在各个行业的应用。第二，引入新技术，增加了关于AI、大数据等新技术在设计思维中的应用内容，帮助读者了解如何利用这些技术提升设计效率和创新能力。第三，强化实践，进一步完善了设计思维工作坊的内容，提供了更详细的指导和建议，帮助读者更好地将设计思维应用于实践。希望通过本次修订再版，能够为读者提供一本更加完善、更加实用、更具时代性的设计思维指南。我们相信，设计思维将成为未来社会不可或缺的关键能力，帮助我们在充满挑战和机遇的时代中，创造更加美好的未来。

　　本书是产教融合教学成果，由杭州电子科技大学叶丹、刘星担任主编，丽水职业技术学院龙泉分院许杭斌、奇瑞汽车股份有限公司上官长树参编，江南大学刘观庆教授审。其中，叶丹编写第1、3章并统全稿，刘星编写第4、5章，许杭斌编写第2章，上官长树对部分设计课题进行了实践指导。限于编者的学识水平，书中难免有不足之处，敬请读者指正。

叶　丹

2025年3月于杭州下沙高教园区

Chapter 01

设计思维概述

1.1 基本概念 2

    1.1.1 从"原点"看设计 2

    1.1.2 何谓设计思维 4

    1.1.3 设计思维与人工智能 5

1.2 课程导论 6

    1.2.1 课程沿革 6

    1.2.2 课程理念 16

Chapter 02

多向思维——打开思路的方法

2.1 逆向思考 19

    2.1.1 原理与知识点 19

    2.1.2 训练课题 20

2.2 横向思考 24

    2.2.1 原理与知识点 24

    2.2.2 训练课题 25

2.3 非文字思考 27

2.3.1 原理与知识点 27

2.3.2 训练课题 29

2.4 类比思考 30

2.4.1 原理与知识点 30

2.4.2 训练课题 31

2.5 头脑风暴 33

2.5.1 原理与知识点 33

2.5.2 训练课题 34

Chapter 03

知觉思维——手脑联动的方法

3.1 探索可能性 37

3.1.1 手脑联动 37

3.1.2 契合 40

3.1.3 灯泡包装 46

3.2 折与叠 49

3.2.1 自然的启示 50

3.2.2 折叠结构 52

3.2.3 折叠与收纳 55

3.3 **意象解构** 60

   3.3.1 心灵的意象 60

   3.3.2 潜在的相似 62

   3.3.3 生物解构和榫卯解构 64

Chapter 04

设计思维——设计研究的方法

4.1 **思考视觉化** 72

   4.1.1 图解思考 72

   4.1.2 视觉化工具 74

   4.1.3 环保快递包装箱研究案例 83

4.2 **概念设计** 88

   4.2.1 概念思考 88

   4.2.2 概念地图 91

   4.2.3 外卖餐盒研究设计案例 94

4.3 **设计研究** 101

   4.3.1 "关爱"主题的设计研究 101

   4.3.2 未来办公空间的设计研究 107

   4.3.3 "健康"主题的服务设计研究 112

Chapter 05

设计思维工作坊

5.1 概念定义 121

    5.1.1 组建团队 121

    5.1.2 设计程序 122

    5.1.3 概念描述 126

    5.1.4 流程图 131

5.2 视觉化表达 134

    5.2.1 故事板 134

    5.2.2 构建原型 135

    5.2.3 交流发表 138

    5.2.4 工作坊作品 141

附录：AI伴学内容及提示词   149

参考文献   152

Chapter 01

设计思维概述

知识目标

了解设计与科技、人文的辩证关系；

掌握设计思维的基本概念和特征；

理解设计思维对创新设计及社会进步的作用、影响和意义。

技能目标

具备设计创新意识、理解力、洞察力和想象力。

素质目标

提高、激发创造性思维；

培养科学伦理观；

树立探寻真善美的意识。

1.1 —|基本概念|

1.1.1 从"原点"看设计

图1-1是获得美国工业设计金奖的作品，是用于正确固定医用导管的特殊装置。它的创新性在于能有效地避免插在患者身上的导管被不慎拔掉，而且是一种低成本的新产品。该作品的外观设计像包裹在手上的纱布一样令人安心，并避免了为固定导管而使用大量胶带。这个设计解决了生活中常见的"小问题"，其中没有高科技成分，外观也不"独特"，那么设计者凭何种能力获得2002年美国工业设计金奖这份殊荣呢？

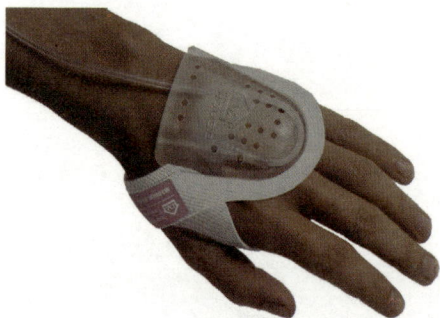

图1-1　静脉注射装置

图1-2中左图是2002年红点奖获奖作品。它的独特概念是酒标不是纸质标签，而是采用浮雕形式，可以让人通过触觉认知品牌。另一个重要概念是环保。右图是另外一个环保概念的啤酒瓶设计。概念的形成源于一个小故事。荷兰喜力啤酒公司的总裁阿尔弗雷德·喜力到安的列斯群岛旅行时，发现当地人居住着简易小屋，且街道上到处是被丢掉的啤酒瓶。于是他产生了一个一箭双雕的主意——生态啤酒瓶。他一改圆形瓶造型，采用长方形瓶，空瓶可被

图1-2　环保啤酒瓶

当作砖头成为建筑材料。这种将产品的功能以不同的角度去审视的方法影响着后来的设计师们。它至少告诉人们：设计灵感无所不在。这一设计在自然资源越来越缺乏的今天和将来显得尤为有价值。中国是酒类产品消费大国，环视一下超市中的各类酒瓶包装，可谓花样百出，设计概念都是"引起消费者的青睐"，直接原因是为了促销，而很少出于如环保、易用性等原因。

图1-3是日本建筑师坂茂设计的卫生纸。这个设计特别之处是卫生纸的内芯是方形的，其目的显然不是为了形式上标新立异，而是为了在使用时产生一点儿"不方便"，即不那么顺滑地抽下纸来，同时还发出咔嗒咔嗒的响声。据说这种响声会在使用者的心理上造成节约资源的暗示。此外，由于圆芯卫生纸在排列时，彼此间会产生很大的间隙，而方芯卷

筒卫生纸在包装上可以节约更多空间，从而降低运输成本。

上述案例被认为是"设计经典"。而设计的概念早已被人们熟知，并广泛运用，且在不同语境下被赋予不同的含义：工业设计、建筑设计、工程设计、社会设计、城市规划设计、机构形象设计等。《现代汉语词典》中对

图1-3 卫生纸的设计

"设计"词条的解释为"在正式做某项工作之前，根据一定的目的要求，预先制定方法、图样等"。显然，此处"预先"一词成为"设计"最重要的特征。也就是说，无论什么领域，为"一定的目的和要求"提供计划和方案，并通过视觉方式传达出来的，都可以称为"设计"。例如，工程师把选择零件材料和加工工艺的过程描述为"设计"；造型设计师则以"图形创意"引领视觉设计新潮流，等等（图1-4）。

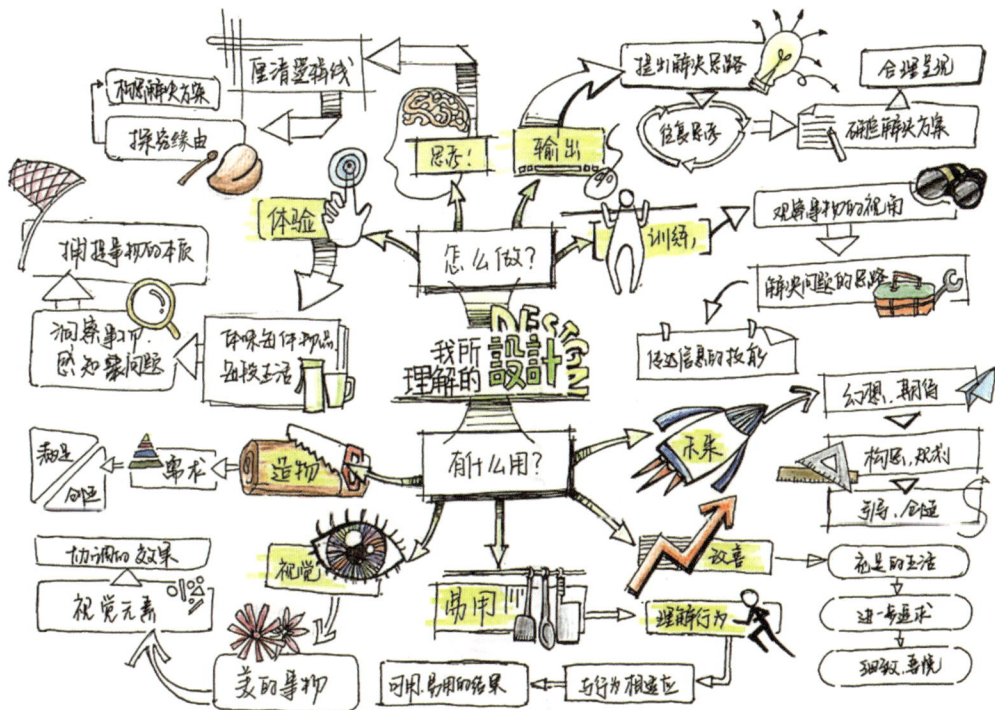

图1-4 "设计是什么"的思维导图/吴胜宇

这些都是设计的一部分，虽然这些行为本身的特征大相径庭：工程师的设计以"数据准确、结构严谨"的"工程"语言为特征，而造型设计师则以"形象独特、神采飞扬"的

"艺术"语言见长。"工程"与"艺术"之间以"设计"为纽带联系着理性与感性、严谨与浪漫。

日本武藏野美术大学教授原研哉在《设计中的设计》一书中认为："设计不是一种技能，而是捕捉事物本质的感觉能力和洞察能力。所以，设计师要时刻保持对社会的敏感度。"这段话在生活和设计之间加上了一个"约等于"的符号。"时代向前发展，并不一定就代表文明的进步。我们的立足之处，是过去与未来的夹缝之间。创造力的获得，并不是一定要站在时代的前端。如果能够把眼光放得足够长远，在我们的身后，或许也一样隐藏着创造的源泉。"❶ 所以，设计不仅仅是创造时尚新颖的东西，更多的时候是对已经存在的东西做更合理的设计，前面提到的三件产品都不能算是新奇产品，但都巧妙地解决了现实中的问题。英文里有Redesign一词，是"再设计"的意思。这是一个很好的概念，让设计回到了原点，充分考虑社会、环境、资源、人的需求等因素。当今社会，设计的核心价值不是制造，即技术、美学、市场的融合，而是其内在的"创新"属性，即创造性地解决问题的思维和赋予意义的能力。这种能力的价值远远超越了设计在传统意义上的价值。设计师必须从传统思维中解放出来，回归设计"解决问题"的原点，而这种创新能力因其整体性和交叉性将在知识经济中发挥重要作用。

1.1.2　何谓设计思维

设计，本质上是一系列创造性的思维活动。

对"思维"的研究，其实就是对人类自身的研究。思维类型包括两种：一种是理性的、合乎逻辑的思考过程；另一种是直觉的、充满想象的思考过程，比如视觉思维。这两种分别被称为"收敛型"和"发散型"。收敛型思维要求具有推理和分析的技巧，以获得一个清晰正确的答案，这种能力一般被认为多应用在科学研究中；发散型思维则采用跳跃的、不受限制的方法，以寻求多种可选择的方案，其中的方案很难有所谓的最佳方案。举个例子，如果征求"回形针的用途"，回答可以作为搭扣、书签之类的，属于收敛型思维；如果回答蚊香支架、开锁钥匙之类的，就属于发散型思维。前者可以用"智商"来评价，后者可用"创造力"来评价。由于设计很少会一下子找到合适的解决方案，因此需要一个发散型的思考过程。但并不是说在设计过程中不需要收敛型思维，相反，尤其在设计后期，收敛型思维起着相当重要的作用。

设计过程虽然需要使用语言、尺度、计算等思维工具，但涉及更多的是形态、色彩、感觉、空间等内容，思维成果是图纸、模型等形象性的方案。由此看来，设计师在素材收

---

❶ [日]原研哉. 设计中的设计[M]. 朱锷，译. 济南：山东人民出版社，2006：190.

集、构思表达、方案陈述等方面运用更多的是视觉思维。"视觉思维"的概念最初是由美国哈佛大学心理学教授鲁道夫·阿恩海姆（Rudolf Arnheim，1969年）在其同名专著中提出的，并首次提出了"视觉意象"（Visual Image）在人类的一般思维活动，尤其是创造性思维活动中的重要作用和意义。视觉思维不同于言语思维和逻辑思维的特征表现为："一、源于直接感知的探索性；二、运用视觉意象操作而利于发挥创造性想象作用的灵活性；三、便于产生顿悟或诱导直觉，也即唤醒主体的无意识心理的现实性。"❶

设计思维（Design Thinking）这一概念，是20世纪八九十年代由哈佛大学和斯坦福大学的教授首先定义和提出的。设计思维是分析式思维和直觉思考的平衡，将开放性与探索性结合起来，保持了创新和系统评价的平衡。1992年，卡内基梅隆大学的布坎南（Richard Buchanan）教授在《设计思维中的疑难问题》一文中，把生产和生活实践中遇到的诸多从根本上难以界定的困难称为"疑难问题"，并指出在这类问题上设计思维能起到特殊的作用。

设计思维、互联网思维等概念近年来被广泛提及，它们既能提供思考问题的角度，也是指导实践的方法论。这些思维模式首先提供了一种看待问题的全新视角。它们鼓励我们从不同的角度出发，打破常规，发现新的机会和解决方案。

设计思维强调以人为中心，从用户的需求和痛点出发，通过同理心理解用户，定义问题，并创造性地提出解决方案。它鼓励我们跳出传统的"功能导向"思维，转向"体验导向"思维。这些思维模式也提供了一套系统化的方法论，指导我们如何将新的思考角度转化为实际行动。

设计思维通常包括同理心、定义、构思、原型和测试五个步骤，形成了一个完整的解决问题的流程。它提供了一系列工具和方法，例如用户调研、人物角色、思维导图、故事板等，帮助我们更好地理解用户、定义问题、产生创意、构建原型并进行测试。

创新是设计思维的目标。设计思维不仅仅是为了解决问题，更是为了创造性地解决问题，创造出更有价值、更令人满意的产品和服务。这种创新不仅仅是技术创新，更是用户体验的创新、商业模式的创新。设计思维通过同理心这座桥梁，将用户需求与创造性解决方案连接起来，最终实现以用户为中心的创新。

1.1.3　设计思维与人工智能

随着AI时代的到来，AI可以替代设计思维吗？这是一个备受争议的话题。事实上AI在某些方面可以辅助甚至增强设计思维，具体表现在以下几个方面：

数据分析——AI可以帮助我们分析海量数据，发现用户行为模式，预测用户需求，为

---

❶ 傅世侠，罗玲玲. 科学创造方法论[M]. 北京：中国经济出版社，2000：342.

设计决策提供数据支持；

创意生成——AI可以通过学习大量的设计案例，生成新的设计创意和方案，为设计师提供灵感；

原型制作——AI可以帮助我们快速生成原型，并进行测试和优化，提高设计效率；

自动化设计——AI可以自动化完成一些重复性的设计任务，例如图像处理、排版等，解放设计师的生产力。

然而，AI目前无法替代设计思维，特别是其中涉及同理心和创造力的部分。AI虽然可以分析用户数据，但很难真正理解用户的情感、动机和价值观，无法像人类一样产生共鸣和共情；AI的创造力目前还主要停留在模仿和组合的层面，缺乏真正的原创性和突破性。它很难像人类一样提出颠覆性的创意和解决方案。

此外，在审美和社会伦理上，AI虽然可以学习审美规则，但很难形成自己的审美判断，也无法像人类一样理解设计的语境和内涵。设计不仅仅是一个技术问题，更是一个伦理和社会问题。AI目前还无法像人类一样理解和承担设计的社会责任。

未来，人机协作将成为设计领域的主流模式，AI可以成为设计思维的强大助手，帮助设计师更好地理解用户、激发创意、提高效率，最终创造出更有价值、更令人满意的产品和服务。

1.2 课程导论

1.2.1 课程沿革

20世纪初，一门"设计思维"的课程给各国教育界带来不小的影响。作为探索创新方法论的设计思维，从人的需求出发，为各种议题寻求解决方案，创造更多的可能性。2004年，斯坦福大学成立了设计思维学院（D. School），把源自企业协作流程整合为一门核心课程。教学内容包括五个方面：同理心（Empathy）、需求定义（Define）、创意动脑（Ideate）、制作原型（Prototype）和实际测试（Test）。

这门课程之所以受到关注，与全球范围内教育目标转移的大背景有着密切关系：大数据、人工智能、神经技术等新型技术的崛起，促使学校开设让学生适应未来社会的课程。因为未来的人们遇到问题时，解决之道不仅仅取决于知识，思考、创造和合作能力更为重要。哈佛大学教授有句名言：教育的目的是学会一种思维，而不是学会一堆知识。从这个意义上说，设计思维课程就是培养学生拥抱未来的能力。

作为本书作者，笔者承担了设计思维相关课程的教学和研究任务，并且积累了大量教学心得和案例。在此，笔者将所在的杭州电子科技大学开设设计思维相关课程的起因和过程作一个综述，以资借鉴和交流。这也是本书写作的基础框架。本校的设计思维相关课程教学分为三个层次：

① "设计思维与方法"，于2006年开设的设计专业基础课。教学对象是产品设计、工业设计专业本科生。

② "创意思考"，于2012年开设的新生研讨课。教学对象是全校新生，不分专业，自由报名，择优录取，限额30名。

③ "设计思维工作坊"，2009年起在暑期开设的两周实践课程，至今已有14期。主讲教师由国外著名设计院校的教授（分别来自意大利米兰理工大学、德国柏林艺术大学、美国创意设计学院等）担任，工作坊主题来自每年由一家杭州企业（杭州鸿雁电器有限公司、顾家集团有限公司、永艺家具股份有限公司等）提出的真实需求。教学对象是全校学生，跨年级、跨专业（设计专业学生略占一半），自由报名，择优录取，限额40名。

（1）"设计思维与方法"课程

我校首次招收设计专业新生是在2000年。作为新专业，一开始设在机械工程学院，学生从高考理科考生中录取，教师由机械学和设计学等专业教师组成，分别承担工科和设计专业教学。在"科学与艺术融合"的口号下，将工科知识视为"科学"，再与艺术课程相融合培养设计人才。但在具体的教学实践中存在诸多问题：一是综合型工科院校设计专业基础课的课时要低于艺术类院校（专业基础课占总学时16%），"机械结构设计"等工科课程是"简易版"的，艺术绘画能力更需要时间的积累，蜻蜓点水式的艺术课程也难出效果，"科学"和"艺术"的简单相加与设计能力的培养缺乏连接；二是设计基础课主要是训练形态、色彩、造型等所谓的"三大构成"，在不清楚这些基础有何用的情况下，被动学习的基础知识难以成为踏上专业设计的台阶，更深层的问题是，工科类设计专业到底需要怎样的基础课；三是低年级学生对未来成为"设计师"充满幻想，进入高年级就显得力不从心，原因是设计需要更多的"悟性""灵感"，没有找到好的学习方法，"学好专业，追求卓越"的初心就难以坚持到毕业。2014年，学校开始在艺术类考生中招收产品设计专业学生，从生源基础和专业要求上考量，艺术类学生的设计基础同样存在上述问题。

这些问题虽然涉及方方面面，但从整个社会发展趋势和设计教育观念的转变来看，上述问题可以通过教学改革得以解决。首先，人们的"设计"观念已经从过去"美化生活"转变为"解决问题"和"赋予意义"。艺术在设计教育中起"启发想象力和表现力"的作用，而不是衡量设计质量的标准。对学习设计的学生而言，艺术生和工科生站在同一起跑线上。其次，设计教育不是"科学知识"和"艺术表达"的简单相加，设计能力是在解决实际问题的过程中得到提升的，如共情能力、统筹能力、可视化表达能力、合作能力、领导能力和动手能力等。在原来的课程体系里，缺少从基础知识向专业设计过渡的课程，也就是学会设计思考的课程。再次，现有的"知识+方法+能力"的教学过程缺少"同理心"（Empathy）的推动，课题往往由教师规划好走向，而不是学生自己去发现问题，学生处于被动状态，而只有全身心投入，才能在体验、思考中进入设计思维层面。

2006年，教学课程改革后增设了"设计思维与方法"课程。本教材是近5年来产品设计专业课程教学内容的文本呈现。课程分为三个模块——"多向思维""知觉思维"和"设计思维"（具体内容分别见本书第2~4章）。

① "多向思维"环节主要通过学习发散思维、非文字思维、类比思维等思维模型，用"思维导图""概念地图""认知地图"三个思维视觉化工具，让学生对生活中的问题提出自己的看法。这些问题不可能有标准答案，所以没有对错之分。但对思维的广度、流畅度和视觉表达有要求。这三个思维工具在形式上差别不大，但对问题的认知过程存在递进关系：思维视觉化—建构相关因素—研究分析。这个环节的出题原则是能让学生根据不同视角自由发挥，而不能是只有"唯一解"的问题，也不是专业设计问题。例如："我是谁"（如何介绍自己）、"假如人类不需要睡觉"（思维发散）、"不幸的对立面"（非文字思考）、"什么动物像挖土机"（类比思考）、"财政悬崖"（概念地图）、"鸟类的嘴型与食物的关系"（认知地图），等等。

② "知觉思维"环节主要是运用知觉进行思考的训练。本环节借鉴了哈佛大学阿恩海姆教授《视觉思维》的理论成果和斯坦福大学麦金教授的"创造性思维训练法"。其核心理念是人的思维不仅在于动脑，视觉、味觉、听觉、动觉等知觉也都是思维工具，不能把动手制作模型仅仅看作是实践能力。创意过程并不是"想好了"再做出来，多数情况是边想边做，在做的过程中有所发现，手—眼睛—脑是协同思考，而"偶然性"是不可忽视的因素。所谓"偶然"也不是"预想预设"的结果，对偶然的探索就是对未知的追求，其中判断力是重要因素。例如：手脑联动课题之一——"麦比乌斯曲面"，要求在一张纸上任意剪一刀，再折叠成一个符合"麦比乌斯圈"原理的作品。这个练习的奥秘就是"偶然性"和"判断力"互动。要求先做10个草稿，再从中挑选一个做正稿。只要愿意不断地尝试、判断，就能做出一件好作品。这个课题的好处在于不需要绘画造型基础，也可以做出很有艺术感的作品，让学生自信心大增——自己也能设计出这样的艺术品（图1-5）。但也有例外，一位学生在做了三个草稿后说，"老师，我实在做不出来了"。当时就感到这位学生受应试教育影响太深，不是做不出来，而是做不出像课件演示的"标准答案"，脑子里总有一个答案在影响他。这个课题的设计意图就是可以在"没有想法"的情况下，在做的过程中发现可能性，所以这个环节叫"手脑联动"。

课题名称：麦比乌斯曲面

要求与程序：麦比乌斯曲面在数学中属于拓扑学，本设计不是借助计算能力，而是调动右脑的直觉判断能力。先在一张正方形的卡纸上任意剪一刀，然后做一个仅有一个面和一条边的曲面造型。要充分体现纸材特性，曲面舒展、翻转自然，并运用隐喻的设计思维赋予该抽象形态以意义。

卡纸尺寸：210X210（mm）

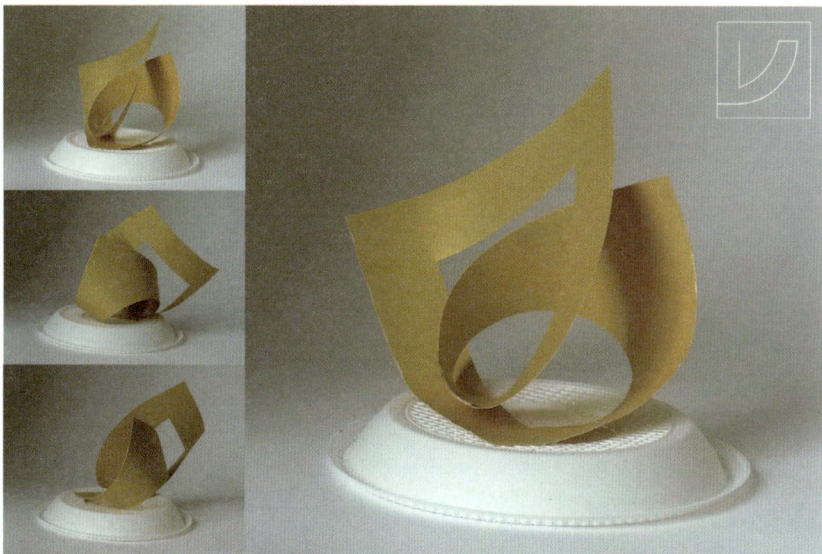

形象定位：
杭州电子科技大学月牙湖畔雕塑。
形象寓意：
以麦比乌斯形态构成一个流动的形象，展示水流动、恬静形态，展现杭电校园文化中优雅的一面。
形象隐喻：
水、静谧、优雅、流动。

图1-5 麦比乌斯曲面/何月

③ "设计思维"是课程的重要环节。学生需自由组成3～5人的项目团队，成绩评定以团队作为考核单位。通过讨论、调研、汇报等环节确定研究课题，再经过深入研讨、构思草图、制作原型、展示汇报等完成项目研究设计。由于是团队合作学习，小组讨论不能流于形式，每个学生对课题要有自己的思考，用思维导图、概念地图、认知地图三个思维视觉化工具阶段性地画出来，并在小组会上交流（图1-6）。任课教师对课题的把握很重要，出题原则是学生可以从自己的生活经验中找到问题点和设计点，从一个"想法"到设计成果，由学生自己决定整个课题的走向，化"被教授"为主动探究。譬如课题"隔断"，让学生研究自己的宿舍，从每天的生活、学习、会客，以及衣物和体育、卫生用品的收纳等角度发现问题，让有限空间更有情调，最终用瓦楞纸等材料制作等比例模型（图1-7）。课程成果最终得到学生认可，是因为教学思路清晰、环环相扣，激发了学习兴趣。除了思考、动手、创意这一目标，课程把学生引至用户视角，通过"同理心"去感受用户需要，引导学

杭州电子科技大学人文艺术与数字媒体学院基础课程

DESIGN THINKING AND METHOD

设计思维与方法

设计：孙超杰 魏鑫品 施 鹏　　指导老师：刘 星

1 思维导图——视觉化思考

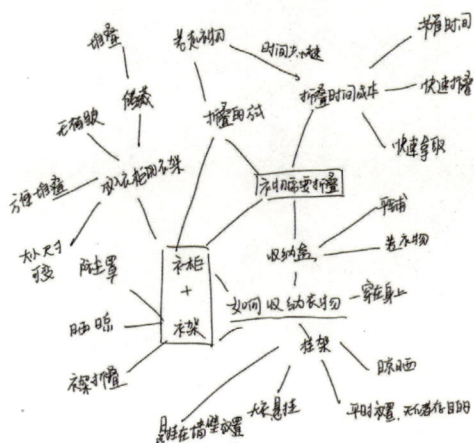

2 概念地图——构建关键因素

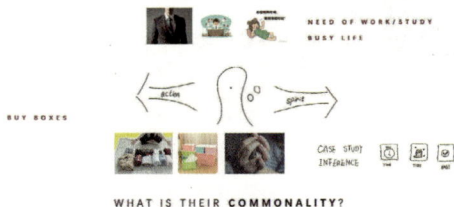

3 认知地图——研究分析

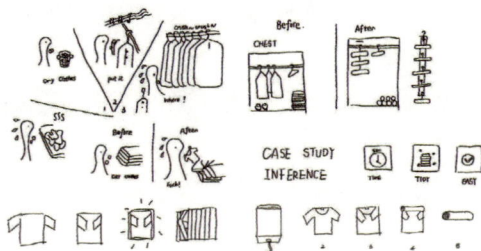

4 概念草图——概念可视化

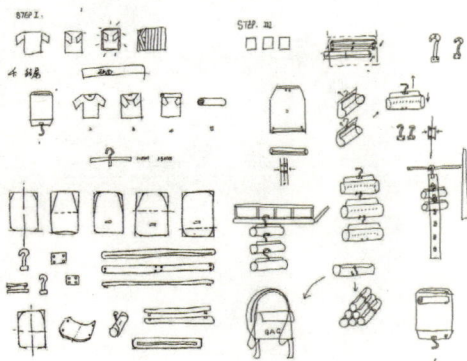

5 探索性设计——模型推敲

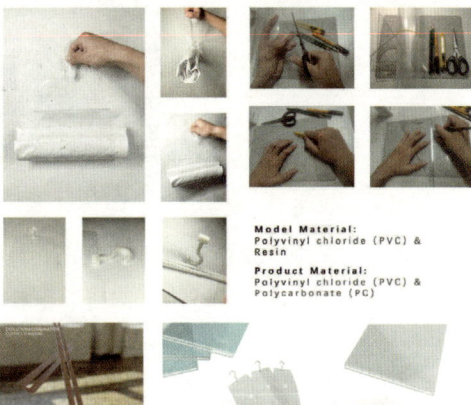

Model Material:
Polyvinyl chloride (PVC) &
Resin

Product Material:
Polyvinyl chloride (PVC) &
Polycarbonate (PC)

6 课程感悟

通过本次课程，我学会了视觉化思考，例如绘制思维导图进行头脑风暴等方式，能够高效整合所有思维碎片，并能够在设计的开始阶段获取有价值的设计点，为整个流程的进行提供了思路。还有故事板，通过故事板的学习，我了解到还原使用场景对优化产品等的意义——为设计提供了不一样的视角，使我能够把自己代入到设计场景中，解决来自生活中的最真实的需求。

图1-6　设计思维与方法课程作业/孙超杰、魏鑫品、施鹏

生从不同角度看待事物，更客观地看待世界，帮助学生更好地建立世界观、价值观。这一理念潜移默化地渗透，对于身处浮躁的现代社会的学生而言特别有意义。

▶ 课程心得 ◀

隔|中|格

兼具储物功能的伸缩型隔断

本作品为分割私密与公共空间而设计。其采用绿色环保的瓦楞纸材料，结构设计为可拆卸式，便于收藏、运输和网络销售。其构造可以由多个单体储物柜通过中间嵌板的连接，实现伸缩自如的空间隔断效果，不仅可以分隔空间，而且还具有储物柜和装饰柜功能。本产品适用于住公寓的大学生、以及刚刚走向社会而没有固定居所的年轻人。

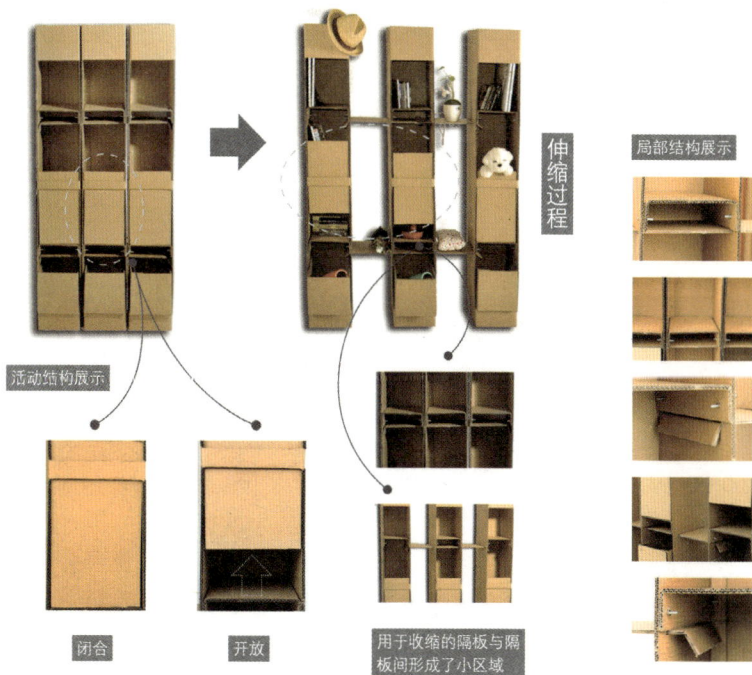

伸缩过程

局部结构展示

活动结构展示

闭合　　开放

用于收缩的隔板与隔板间形成了小区域

图1-7　兼具储物功能的伸缩型隔断/张素荣、夏晨笑、许黎杰

（2）"创意思考"新生研讨课

2012年，学校教务处发出了开设新生研讨课的通知，旨在帮助新生提高自主学习能力，培养创新精神，激发求知欲和学习兴趣，同时推动高水平师资投入本科教学，提升教学质量。新生研讨课是面向全校大一新生的选修课，通过与学术造诣较高的资深教师的交流与探讨，启发学生研究与探索的兴趣，培养学生的认知能力和主动参与意识。为保证小组讨论的效果，每门课程的选课人数限制在30人以下。为此，我们在已开课六年的"设计思维与方法"的基础上重新设计了"新生研讨版"，取名为"创意思考"，向教务处申报并成功向全校开课。

新生研讨课（Freshman Seminar）可以追溯到1959年哈佛大学为新生开设的研究班课程，其目的是"加强新生和教师的接触，强化大一新生的学术经历"。课程以学术性专题为主，采用小班研讨，强调师生互动，成为研究型大学新生研讨课的典型模式。20世纪80年代以后，新生研讨课在美国大学迅速发展，对提高美国本科教育质量产生了重要影响。

对于新生研讨课的"创意思考"，我们做了不同于"设计思维与方法"的教学设计。后者是专业基础课，前者是通识课。大学第一年是学生社会生活和学术生活的重要转折期，既是人生的关键时期，也是走向社会、学会学习的关键时期。凡是报名选修该课程的学生都对创意有强烈兴趣，希望运用创意思考在专业上有所作为。因而课程既要有观念、方法和研究，又要有解决问题的实践活动，最终确立了以探讨为基础的学习模式，将学生从接受者转为探究者。课程分为前后两个模块：视觉思维和应用性课题研究。

1）视觉思维

"视觉思维"环节的课程内容是多向思维和视觉化表达。课堂教学在简要的讲解后，留更多时间让学生自由讨论以激发智慧，使学生在小组讨论和手脑联动中进行探究式学习。下面介绍一个教学案例：以团队合作的形式运用知觉思维演绎抽象概念。

教学案例 ｜ **应用知觉思维和团队合作演绎抽象概念**

概念演绎要求：从"自由""教育""责任""信任"中任选一个作为主题，通过小组头脑风暴，产生3~5个主题演绎创意。经过内部评审后，选择一个创意作为小组表演主题。然后排练、完善，准备好必要的道具，并向全班师生进行主题表演。

评审标准：a. 富有创意（视角独特）；b. 知觉传达完美（完整表达）；c. 思路清晰（表演和主题的一致性）；d. 团队合作默契（策划、表演、道具到位）。

团队成员：孙卓谦、纪礼明、徐亚松、刘昕禹、姚丹结、黄章帅

演绎主题：从来就不存在绝对的自由。

演绎剧本：第一组主持人拿出鸟笼，一只被绑住脚的鹦鹉关在里面。主持人大声问大家："它现在自由吗？"同学们哈哈大笑、摇头。主持人把绳子解开后问大家："它现在自由吗？"下面依然是笑声。主持人再把鸟笼打开后大声问大家："现在它总自由了吧？""不自由，它还在教室里呢。"主持人把窗户打开，把鸟放出教室，转过身来严肃地问大家："它现在就自由了吗？"大家反而沉默不语了。

主题诠释：不断地给小鸟自由，解开绳子—打开鸟笼—放出教室—让它回归大自然。每一次给予它的自由都是一次突破，正是这种突破让小鸟"更自由"。最后它回归大自然了，那么它真的自由了吗？也许小鸟会遇到生存危机，因为它出生至今一直生活在笼子里。

团队成员：汪永清、沈莉、严胡岳

演绎主题：有选择，才有自由。

演绎剧本：第二组主持人拿出三个颜色的杯子，让一位女生从中选一个，女生饶有兴致地选了洋红色的杯子。接着主持人又拿出三个绿色的杯子，让另一位男生挑选，这位男生有些不知所措，随便拿了一个。

主题诠释：这就是那位男生不知所措的原因——当所有的杯子颜色都一样时，就没有了选择的余地。而女生之所以能饶有兴致地选洋红色的，是因为她能选择自己喜欢的颜色（图1-8）。

图1-8　"自由"的主题演绎/汪永清、沈莉、严胡岳

2）应用性课题研究

"应用性课题研究"环节是新生研讨课的重要部分，教学内容是运用系统原理进行创意设计。学生需自由组成3～5人的学习团队，成绩评定以团队作为考核单位。由于学生来自各个专业，在组团时鼓励学生进行文科、理科不同专业的合作。通过讨论、调研、汇报等环节确定研究课题，再经过深入研讨、定义问题、确定系统解决方案、制作汇报PPT、展示汇报等完成项目研究设计。课题由学生经过讨论确定，如：新生报到程序的优化，学生宿舍智能管理，大学生消费的自制力，孩童世界有"怪兽"，VR与体育运动，等等。这些由学生提出的研究问题，不属于任何特定的学科。其研究结果不可预料，具有不确定

性；同时，这些课题又是针对现实的具体问题，需要挖掘参与者的感性世界，而且要容忍失败的可能性。只有这样才能让学生在宽松的课堂气氛中，各抒己见、畅所欲言，在各种不确定性中提出解决方案，而不是为了完成作业拼凑一个"正确答案"。所以，在课堂上教师不需要"灌输"，而是"释放"，鼓励学生打破"先入之见"，打破边界，质疑经验性的定论，去发现自我和世界。

最初设计这门课程旨在打破应试教育的某些教学模式，让学生在思考的方式方法上有所改变。应试教育的特点是教育学生用"正确的方法"得出"正确的答案"。所谓的创意思考是让"思维多维化"，能从多个角度看问题，寻找比较合适的（不一定是最正确的）方法解决问题。在教学设计上，本课程分为前后两个模块：前面是思维的发散和批判性思维训练，后面的教学内容是从生活实际体验中发现问题，找到解决问题的方法，并用视觉化方式表述出来。

▶ 课程心得 ◀

（3）"设计思维工作坊"暑期实践课程

2007年杭州市政府启动了"创意杭州"工业设计大赛的活动。通过组织高校师生与企业对接等活动，让大学生的创意为企业产品开发提供新思路。杭州电子科技大学积极组织学生参与了这个活动，并获得了多项大奖。2009年，我校的国际工作坊方案得到市科委和杭州鸿雁电器有限公司的支持，邀请了意大利米兰理工大学设计学院Francesco Zurlo教授来杭州主持工作坊活动。灵活多样的互动式教学在设计思维及其实践方面给师生带来了全新体验。连续14年的暑期我校都邀请了国外院校和杭州企业开展国际工作坊活动。（具体内容请参见本书第5章）

工作坊（Workshop）是近年来在国内外制造业、设计界盛行的活动形式，通常以某一课题为主题，在参与者中进行设计互动和信息交流，参与者包括企业研发人员、高校师生、研究机构人员等。其特点是时间短，形式比较灵活，不求解决问题的完整性，而是通过活跃、自由、互动的交流方式激发创新思维，进行一些开拓性的设计探索。近年来，一些国内外知名企业与高校师生联合举办了形式多样的工作坊，主题有"跨文化设计""经济全球化环境下的工业设计"等，其视角和成果让人耳目一新！

不同于正常的教学活动，工作坊安排在暑期，在时间、空间和师生安排上更灵活，而不会被条条框框所限制。其具有以下特点：

① 以解决真实问题为驱动（不是知识和经验驱动）。每年的工作坊都有一家杭州企业作为合作方。其设计主题由学校、企业和外教做多次沟通确定。过大、过于具体的课题不适合。譬如为近期推向市场的产品做设计方案，产品上市是一件复杂、具体而又耗时的工作，工作坊一般为两周时间，短时间内不可能完成这样的工作。但是工作坊可以解决真实问题，譬如：不同于传统光源的LED灯怎样适应未来市场，五金工具、家具的概念创新

等，这些问题不是基于对现有市场的调研，而是对未来用户需求的深度挖掘。

② 严格流程与时间控制（不是放羊式地做设计）。工作坊时间为两周，基本流程是：前期调研、定义问题、概念描述、创意设计、构建原型、交流发表。这个流程会落实到每一天，包括集中两次作小组汇报、答辩和讲评。由于是全天候的互动式教学，没有其他课程，师生会全情投入，按时完成每一阶段的任务。

③ 多变的创意空间（不是传统的大课堂）。工作坊采用小组学习模式，其特点是小组讨论、协同设计、分工合作，不适合在有固定钢木结构桌椅的教室，而适合在桌椅可以灵活摆放的不同空间，便于分散讨论和集中讲评，空间的机动性尤为重要，有时甚至会直接搬到企业大会议室，以便可以和技术开发人员有更密切的交流。

④ 跨学科的学生团队（不是单一设计专业）。工作坊的学生来自全校各个专业，学生团队各有分工。设计专业以外的学生更具好奇心，更珍惜这种横向交流的机会，这让创意不再神秘。而来自不同专业的学生通过设计思维，都不同程度地发现了自身的创造性潜质。

⑤ 教授引导推动创新（不是导师讲座模式）。每期工作坊都有一个主题，但设计方向都由学生自己确定，教授只引导而不替代判断。对这种鼓励自主思考的做法，学生在初期会特别不适应，往往表现出茫然不知所措的情绪。这个过程恰恰是创新的关键时期，使学生在思考—反思—原型构建的过程中找到创新点。教授鼓励学生探索更多解决问题的方法：把大的问题分解，把复杂的问题个性化。这就带领学生进入了"元认知"环节，引导学生思考设计过程中的问题。这种循循善诱式的教学，提高了学生的元认知能力和统筹能力，以及独立思考、自主判断的创新能力（图1-9）。

▶ 课程心得 ◀

图1-9　设计思维工作坊

1.2.2 课程理念

科学用于探索各种事物的本来面目，了解其基本属性和客观规律性，一般包含两个方面，一是探索事物是怎样的，二是研究事物应该怎样。而"应该"的诉求就要涉及自然环境和个体的愿望、爱好、要求等，不仅需要自然科学技术，还需要人文科学。将各种因素融合在一起，并能提出可以被评价、检验的对象物，这是一个需要专业知识、审美智慧、创新意识等的非线性的复杂过程。如果说科学技术回答"如何制造一个物品"的方法论问题，那么设计则回答"制造什么样的物品"的解决型问题（图1-10）。当今社会，物品的制造技术不再是大问题，设计什么样的物品才能满足需求成了越来越重要的问题。"设计应当通过在'主体'和'客体'之间寻求和谐，在人与人、人与物、人与自然、心灵与身体之间营造多重、平等和整体的关系。"❶

真 善

科技
HOW
怎样制造一个物品

探索各种事物的本来面目，了解其基本属性和客观规律性。

对人的尊严、价值和命运的维护，以及对心灵和环境的关切。

人文
WHY
为什么制造这个物品

设计
BALANCE
制造什么样的物品

在人与人、人与物、人与自然、心灵与身体之间营造平等、整体的和谐关系。

美

图1-10 科技、人文和设计三者的关系

设计思维在现代社会的不可替代性体现在以下几个方面。

① 设计思维是和世界的多样性、随机性和无序性等概念相对应的一种思维方式。以还原、分割、有序、理性为基本特征的科学主义思维方式，在总体图像发生变化的当今社会显示出致命的局限。设计思维是一种建立在有机联系基础上的，以真善美的和谐统一为旨归的整体性思维，包含理性思维和情感体验。在设计智慧中，不仅真善美、知情意各自找到了充分发展的天地，而且科学思维、理性思维、感性思维、宗教思维、艺术思维也得以相互补充、相互丰富。在设计智慧的观照下，人类将以更灵活开放、更具人文精神、更接近自然的方式造福这个世界（图1-11）。

❶ 许喜华．工业设计概论[M]．北京：北京理工大学出版社，2008：43．

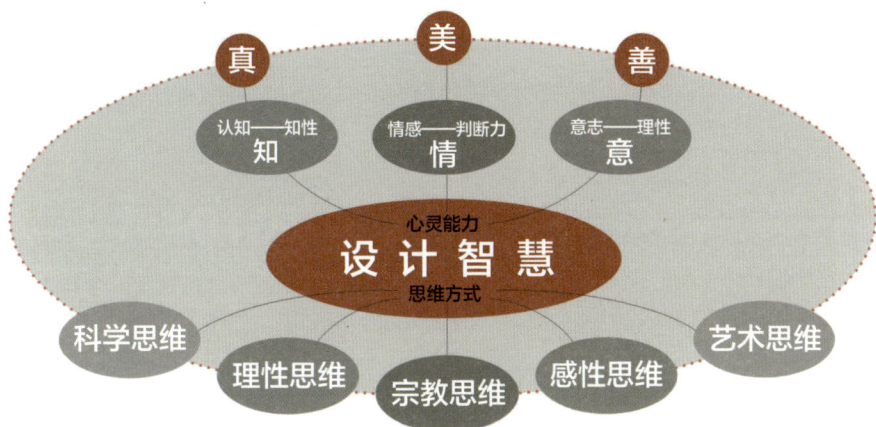

图1-11 设计智慧

② 设计思维是一种过程思维。有别于科学研究，设计过程是经验式的认知过程。整体与部分同时出现、同时把握，不用先从整体分离出部分，再将部分整合。这种"统觉模式"是较少歪曲事物本性的思维方式。在相关关系重于因果关系、整体性重于精确性的未来社会，更需要这种非线性的思维方式。

③ 设计思维具有实践意义。不同于科学研究追求事物的本真和行为方式的正确性，设计追求创造物的合理性，精心处理人与物的关系，创造人与环境和谐的相处方式。设计观念要合情合理地体现在物的每一个侧面和服务领域。通过个体对物的感知与体验，建构人为世界。这种实践智慧求善求美，具有技术和市场所缺乏的道德意识。

④ 设计思维具有综合性和协同性。设计思维不限于对物的思考，而是从人与物、人与环境、心灵与身体的关系角度重新组织整个系统，是创造人为事物的一种方式。设计因此站在技术科学、人文科学和艺术的交汇处，从物、技术和人自身存在的问题中创造新事物，形成多学科协同整合的创新系统。

⑤ 设计思维在创新教育中具有积极意义。设计涉及人类衣食住行的各个方面，与人的关系最直接、最密切，因而可以从个体感受中发现问题，借助设计思维领悟到问题的实质，最终找到个性化的解决方案。尽管这个过程不是依据教科书上的原理、公式得出"正确答案"，但恰恰是开启个体心智而呈现出创意。所以，设计教育是培养创造力、实现素质教育的较好方式。

扫码下载
▶ 实训活页 ◀

Chapter 02

多向思维
——打开思路的方法

知识目标

了解多向思维的类型、基本原理和特征；

掌握多向思维的基本方法和工具；

通过多向思维训练找到拓展思维、提高思维灵活度的方法。

技能目标

善于用逆向思考方法提升多维思考能力；

善于用横向思考方法提升多维思考能力；

善于用非文字思考方法提升多维思考能力；

善于用类比思考方法提升多维思考能力；

善于用头脑风暴法提升多维思考能力。

素质目标

拓展思维的灵活度，激发创新思维；

培养善于推陈出新，敢于打破思维定式和思维局限的精神。

Chapter 02

人的思维不是自发的，也不会发自什么原则，而是由某个具体事物或者问题来引发和激起思维，而且人容易受过去的经验和知识影响而形成固定的思维模式。多向思维是求异思维最重要的形式，表现为思维不局限于某些模式，从不同角度、不同方向、不同层次进行多方面的思维判断，使思考中的信息朝多种可能的方向扩散，以引出更多的新信息。其特点：a. 具有多种思维指向；b. 具有多种思维起点；c. 运用多种逻辑规则及其评价标准；d. 具有多种思维结果。

2.1 逆向思考

逆向思考作为一种多向思维工具，为了摆脱"从众心理"，从逆向的、非常规的角度去看待问题，找到解决问题的新视角。要建立这样的观念，就要明确在思考问题或设计过程中，并不存在一条明显的正确思路，对客观事物要经常从相反的方向思考，这样才能改变常规的心理定式，才能产生新的创意。

2.1.1 原理与知识点

"保护地球是每个人的职责！"作为一句严肃的环保口号，起到了正面教育和警示作用。如果换一种方式提问："有哪些行为可以毁灭地球？"听上去吓人的问题却可以引导出成百上千个答案，因为每个人都可以思考这个问题：从大排量私家车到一次性筷子，从行政腐败到海洋污染，等等，不同的人可以根据各自的立场和角度做出不同的回答。

这种"反过来"思考问题的方式称之为逆向思考，是指从思考对象的反面寻找解决问题的方法。最初提出这种创新思考法的哈佛大学艾伯特·罗森教授把它描述为"站在对立面进行思考"。从前面的例子中可以看出，对一句正面的口号反向思考能够产生众多更为具体的"措施"来防止问题的产生。逆向思考正是通过问题的另一面来深入挖掘事物的本质属性，进而开拓解决问题的新思路。如果对"健康生活每一天"进行逆向提问："想生病有哪些方法？"面对看似荒唐的问题，可以从新鲜角度找到更多"鲜活的答案"，更为重要的是改变了原来对"健康"的思维定式（图2-1）。

思维定式大都来自"从众心理"，这是现代人都有的社会心理：不出格、随大流、人云亦云。人之所以需要"从众心理"，源于高度组织化、社会化、法治化的现代生活。试想一下，如果没有这种心理机制，作为个体的人就无法立足于现代社会。就像在都市马路上不能在中间行走，口中有痰不能随意吐出口，气温再高不能赤身裸体行走在大街上，等等，这些都是现代文明的基本要求。通常情况下，"从众"比较有效、经济、安全，能解

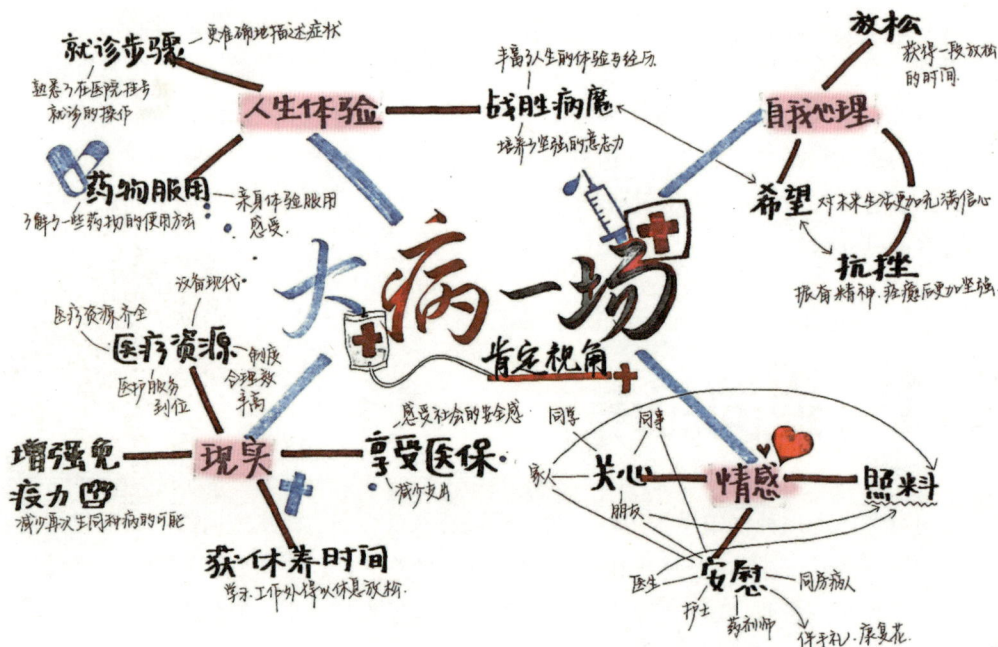

图2-1　从肯定视角看大病一场/庄晴骋

决生活中的常规问题，不用花太多心思也能把事情做好。今天大力提倡所谓的"创新"，从某种程度上讲就是要克服这种从众心理。因为这种心理维持的是"常规"，而社会进步需要的是不断创新。

2.1.2　训练课题

所谓逆向，就是改变思维的方向。在设计思考中主要体现在以下几个方面。

① 形态的逆向思考——从产品的形态、尺寸大小上进行逆向思考。如图2-2所示的落地灯就是把原来的台灯尺寸放大三倍。据说这款灯具设计是为了纪念灯具制造商成立七十周年而设计的限量版产品，这件独特的产品提升了公司形象。

② 功能的逆向思考——如图2-3所示的花盆是由聚亚胺酯制成的。这个花盆的奇妙之处是除了花盆之外，还可以在翻边后做成雨伞架，设计师

图2-2　台灯的逆向思考

图2-3　花盆的逆向思考

在此做了功能的逆向处理。

③ 结构的逆向思考——市场上的卷筒卫生纸其内芯都是圆形的，而本书第1章1.1.1提到的一位日本建筑师却把它设计成方形的。

④ 状态的逆向思考——将使用状态和使用环境等进行逆向设计而产生新奇感。图2-4所示的可加油的油灯是用报废的手榴弹重新镀金制成的。它给人一种全新的感觉：手榴弹从一种战争的阴暗象征转变成了一个明亮的桌面装饰。

⑤ 因果关系的逆向思考——如图2-5所示，纸杯上的图案是造纸过程中的各个环节。把"树木变纸材"的因果关系形象地展示给终端使用者，有助于消费者做出行为判断。

图2-4　手榴弹的逆向思考

图2-5　纸杯的逆向思考

课题 1 **请用"否定视角"思考下列现象**

① 天下无贼。

② 房价暴跌。

③ 找到一份好工作。

图2-6、图2-7分别用图解的方式对天下无贼、找到一份好工作作了逆向思考。

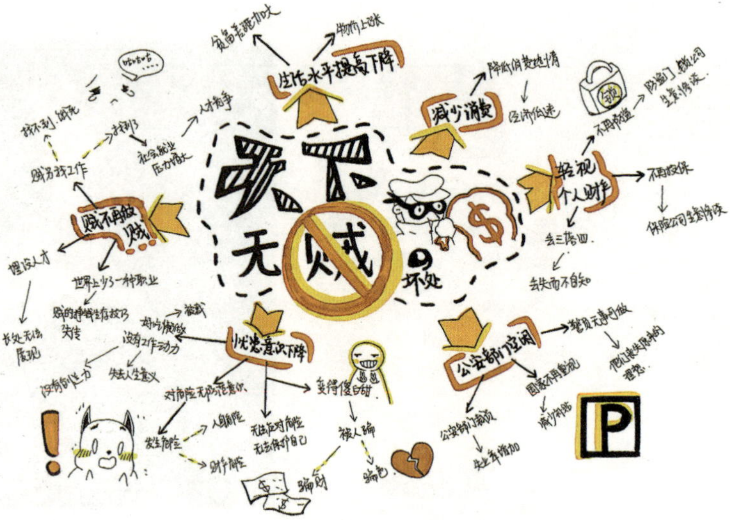

图2-6　天下无贼的不利因素/舒然

▶ 扫码下载
实训活页 ◀

图2-7　找到一份好工作的坏处/吴煜曦

课题 **2** 请用"肯定视角"思考下列现象

① 经济低迷。

② 大病一场。

③ 朋友背叛。

图2-8、图2-9分别对朋友背叛作了逆向思考。

图2-8　朋友背叛的好处/钟逸璇

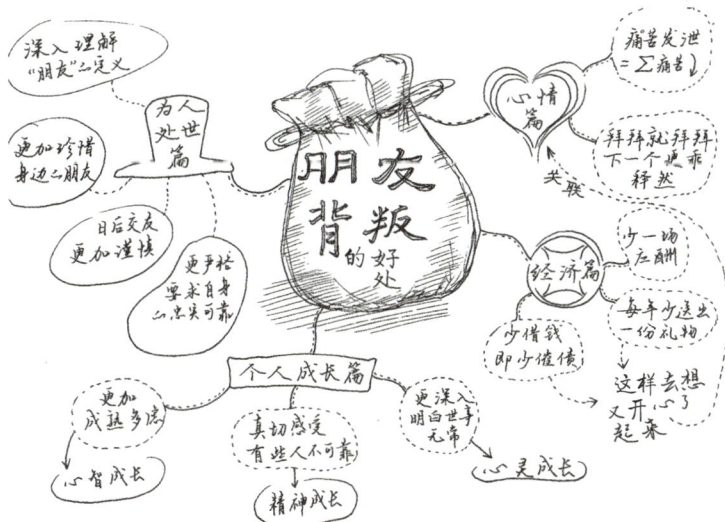

图2-9　朋友背叛的好处/叶润

2.2 横向思考

横向思考是从已有的信息中产生新信息，并从不同角度、不同方向进行思考。与此相类似的还有一个更为形象的说法叫"思维发散"。这种思考方式既无方向，又无范围，不墨守成规，不拘泥于传统方法，对所思考的问题标新立异，达到"海阔天空""异想天开"的境界。

2.2.1 原理与知识点

横向思考是剑桥大学爱德华·德·波诺教授针对纵向思考（即逻辑思维）提出的一种看问题的方法。纵向思考解决问题的方法是从假设—前提—概念开始，进而依靠逻辑判断，直至获得问题的答案；横向思考不太考虑事物的确定性，而考虑多种选择的可能性，关心的不是完善的已有观点，而是如何寻求新点子，不是追求所谓的正确性，而是注重丰富性。横向思考的要点：

① 要养成寻求多种可能性、探讨不同问题的习惯，而不要死抱住老办法不放——可以用多种方法来拓展思路，以寻求多种可能性。

② 要对各种假定提出反思——通常情况下，人们在思考某件事情时，总会作出多种假定，往往会无意识地把问题想当然，但当抱着怀疑的态度仔细追究时，可能被证明是不可能的或不恰当的，这就扫清了思想上的障碍。

③ 不要急于对头脑中涌现出的想法加以判断——众所周知，许多科学发现常以假线索作为先导，因此在没有新想法产生之前，不要将其放弃，它也许能孕育出更进一步的想法。这样做的目的在于发现一种新的有意义的思想组合，而不是通过某种途径来实现。

④ 使问题具体化，并在头脑中形成一幅图像——图像有利于采用符号来表示各种不同的因素，还可以帮助我们进行重新排列，发现相互间的联系等。

⑤ 要把问题分成独立的几个部分——逻辑分析是一种系统的方法，目的在于对问题作出解释；而横向思考是对各部分作出鉴别，并将它们重新排列与组合。

⑥ 从问题之外寻求突破的机遇——逛商店，到玩具店随便看看，或者随便从字典里查一个词等做法都是寻求突破的方法。在商店里闲逛时，并不寻找与问题直接相关的东西，而应该在头脑中留有空白，并随时接受新东西。偶然碰到的东西，或来自字典中的一个词，都可能引发出一批相关的想法。也许，偶然的机遇会使得问题迎刃而解。

⑦ 参加各种新观念的启发性会议——譬如小组头脑风暴之类的活动，这方面内容将在本章2.5详细介绍。

2.2.2 训练课题

"横向"是一种形象化的说法，相对于纵向的、收敛的、单线性的逻辑思维模式，横向思考沿着多条"思维线"向四面八方发散，能有效地扩展思维的空间，所以是一种非逻辑思维。但是，逻辑思维和非逻辑思维是人类认识世界、创造新思想的两个轮子，缺一不可。只是我们的传统教育比较重视前者而忽视后者。在提倡创新创意的今天，增强非逻辑思维的训练有助于创新思维的培养。

从单独一根"思维线"向多条发展需要经过一定量的训练。尽管横向思考往往"异想天开"，但这类训练活动及其产生的思维成果并非没有评价标准，一般而言有三个评价指标：流畅性、变通性和独特性。

流畅性是发散性思维量的主要指标，只要按照问题去发散，发散得越多得分就越高。变通性要求从不同的方面去发散，思维运算涉及信息的重组，如分类、系列化、甚至转化、蕴涵，具有较大的灵活性和可塑性。独特性要求以新的观点去认识事物、反映事物，意味着思维空间重新定式，难度最大。由于独特性更多地代表发散性思维的质，它在发散性思维三因素中有着特别重要的意义。以"筷子的用途"的思维发散为例：提出当作尺子、开瓶器、门的插销等，可以认为具有"变通性"，而提出可以削尖做成钉子使用，雕刻工艺品，就具有"独特性"。

"筷子的用途"横向思维"答案"：

01.吃饭夹菜；02.捞东西；03.围起来做成笔筒；04.击打乐器棒；05.做成玩具手枪；06.编织起来做帘子；07.蒸架；08.杯垫；09.搅拌棍；10.教鞭；11.防身武器；12.当牙签；13.捆绑成棍子当武器；14.练习转笔；15.做成木偶等玩具；16.灯笼、笼子；17.疏通管道；18.头发簪子；19.捡垃圾；20.蘸墨水写字；21.点火棍；22.固定东西；23.织衣；24.衣架；25.制作模型工具；26.小型篱笆；27.玩具炮筒；28.钻木取火；29.开瓶器；30.秤杆；31.倒淘米水时可以拦米；32.尺子；33.门的插销；34.做三脚架；35.指挥棒；36.插在墙上做挂衣钉；37.九节鞭、双节棍；38.并排粘贴到墙上，装修用；39.削尖做成钉子；40.刷子；41.拿来做成风筝；42.可以用来当棉花糖的棒子；43.冰糖葫芦串签；44.做成书签；45.捆住当拖鞋底；46.做成灯具；47.做成相框；48.堆积木；49.游戏棒；50.做成枕头；51.拼成字做招牌；52.做成风铃；53.编成储物篮；54.写字工具；55.做成耳环；56.做成梳子；57.健身器材；58.做成圆规；59.当飞镖；60.过家家玩具；61.做成时髦的服饰；62.用来卷发；63.雕刻工艺品；64.杂耍道具；65.做成地板；66.做纸的原材料；67.敲鼓棒；68.做成竹筏；69.挠痒痒用；70.夹手指的刑具；71.可以翻滚物品；72.验毒工具；73.做成测力器；74.做游戏工具；75.掏耳朵勺；76.支撑架；77.当火把；78.小旗杆；79.编织成席子；80.搭积木；81.削尖当针用；82.擀面杖；83.螺丝刀；84.做撑杆；85.打狗棍；86.做滑雪板；87.琴竹；88.圈成圆当轮子；89.当台阶使用；90.击剑；91.天线、导线；92.做成手链、项链；93.红绿灯的外框；94.做成商店里的计算器；95.做成路边的污水盖；96.做成牙刷；97.做成盛竹筒饭的筒；98.电影道具。

课题 3 **根据下列题意作横向思考**

---

① 20种以上回形针的用途。
② 20种以上雨伞的用途。
③ 20种以上螺丝刀的使用方法。
④ 20种以上纸杯的用途。
⑤ 20种以上与钥匙圈组合的东西。

要求：
① 文字、图解形式不限；每个想法要标序号。
② 课代表将收上来的答题随机发给其他同学。
③ 每位同学对拿到的答题进行评分，要写出3个指标的分数和总得分，并写上评分者的学号交给任课老师。
④ 评分标准：流畅性——以答题数量为得分值。如一共写出22个答案，得分为22分。变通性和独特性——要根据定义来判断，要分别列出序号。变通性每个答案为3分，独特性每个答案为8分。答题时间为20分钟。图2-10、图2-11为范例。

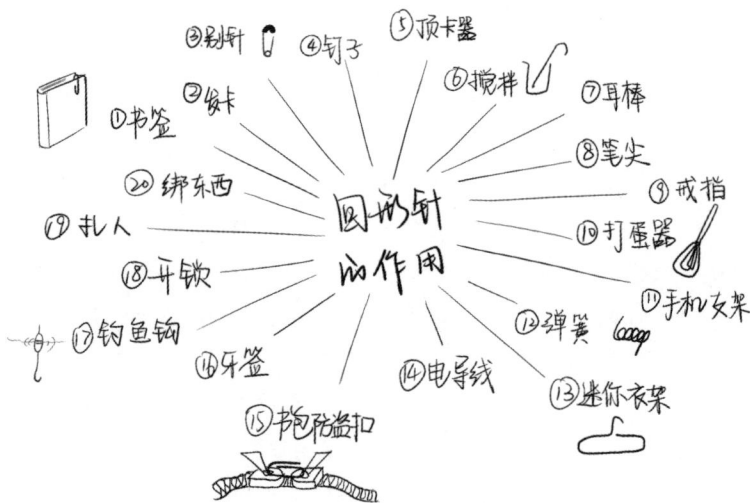

图2-10 回形针的20种用途/吴煜曦

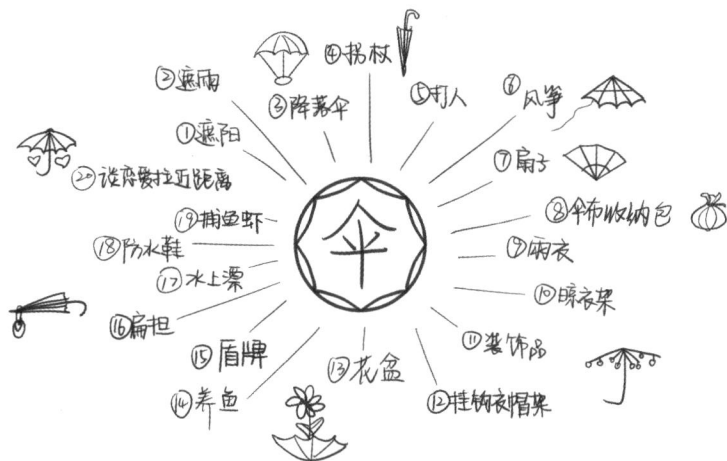

图2-11　伞的20种用途/吴煜曦

2.3 非文字思考

非文字思考是用图形图像来思考，而不是运用文字和数字。

2.3.1 原理与知识点

如果提问：战争的对立面是什么？我们会不假思索地回答"和平"。作为一个词语，和平只是一个抽象名词，或者说是一种概念。真含义十分明确：没有战争。其实没有战争的状态和内容是很多很丰富的，只是"和平"的文字表述限制了我们的思维进行更广泛的联想。

非文字思考方式可以开启对视觉画面的回忆（包括影视画面），进而用图像来描述。战争的具体场景可以描述为：一群人进入敌对阵营进行破坏性活动——杀戮和伤害那里的人，掠夺和破坏那里的财产，等等。那么战争的对立面可以描述为：一群人到友好的地区进行建设性活动——帮助那里的人建公路铁路、修建房子和水利工程；大批技术、医务人员到受灾地区进行灾后重建、救死扶伤的活动；艺术家、演艺人员、运动员到友好国家进行文化传播、友好竞赛活动；等等。

战争的对立面可以演绎出很多场，而"和平"很容易被理解成一种抽象的状态。其实，人类正常的工作学习、恋爱生活、旅游度假等状态都是"和平"的状态——也就是战争的对立面。图2-12和图2-13是对"孤独""麻烦"等概念的对立面所作的非文字思考。

我们会发现，同样一个问题，如果用文字回答可能只有一两个答案；而通过图形图像的想象，不同的人会有各不相同的答案。从图2-12和图2-13的设计练习中可以看出，面对"孤独""麻烦"这些概念时，每个人所指向的内容是具体的，也是各不相同的。面对生

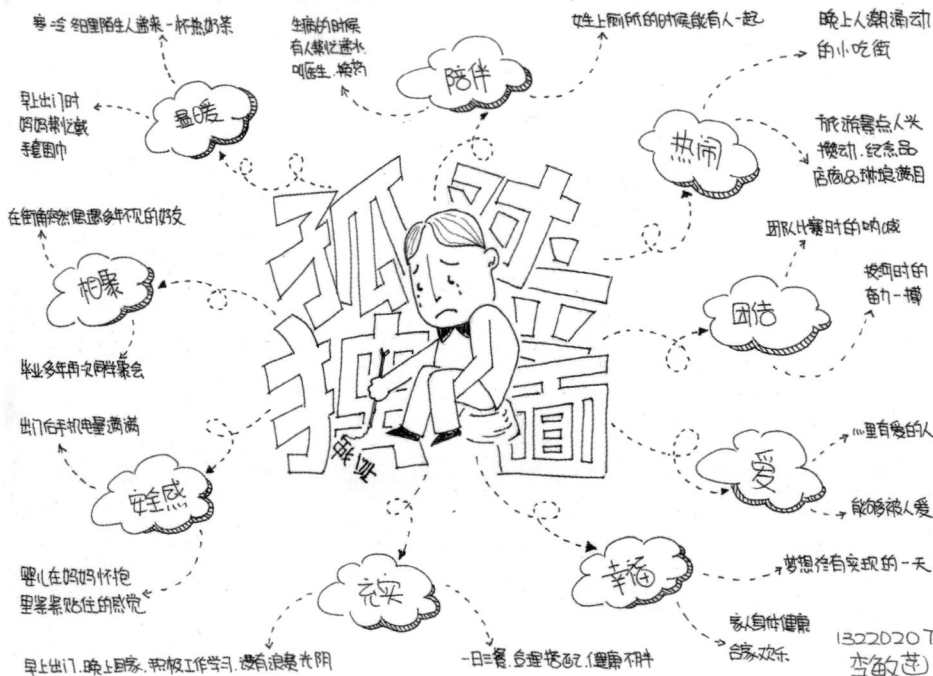

图2-12　孤独的对立面/李敏菡

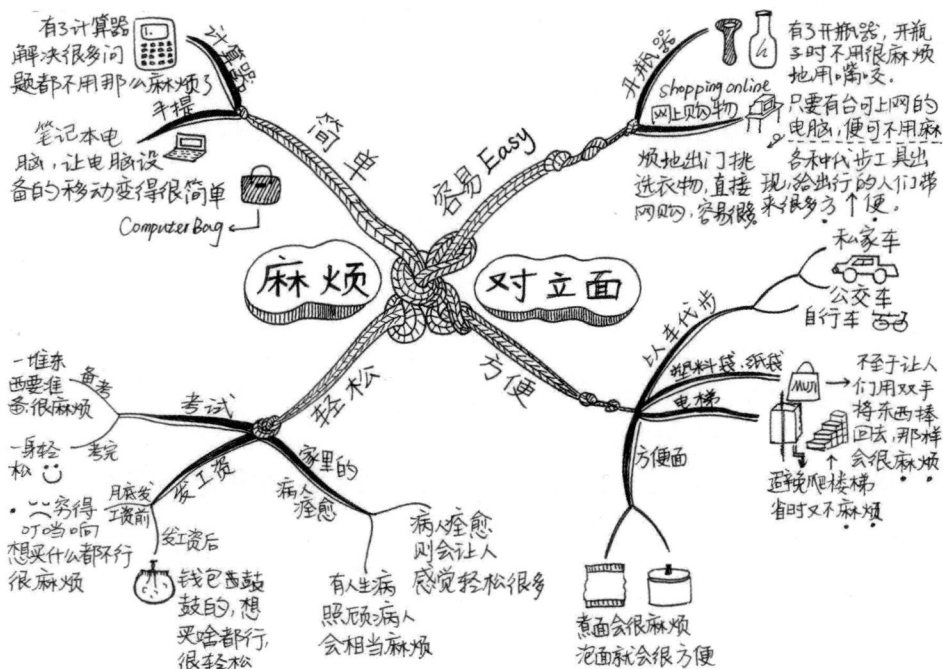

图2-13　麻烦的对立面/沈也

活中的具体问题，有些可以用文字来表达，有些就很难用确切的文字来描述，这时非文字思考就显得意义重大。

2.3.2　训练课题

在创新设计中，不要因为一个想法缺少一个名字或明确的词汇，就认为这个想法没有价值。相反，往往是一个新事物会衍生出许多新的词汇，从而形成新的概念。微型计算机中"视窗""菜单"等概念的产生就是最好的例子。当然，用非文字思考并不等于一定好于文字思考，这种方法仅仅是有助于产生不同概念的可能性。寻找尽可能多的可能性是创造性思维的重要特征。

课题 4	根据下列题意作图解思考

① 图解痛苦的对立面是什么。
② 图解仇恨的对立面是什么。
③ 图解郁闷的对立面是什么。
④ 图解不幸的对立面是什么。
⑤ 图解焦虑的对立面是什么。

图2-14、图2-15分别对不幸、焦虑的对立面做了图解。

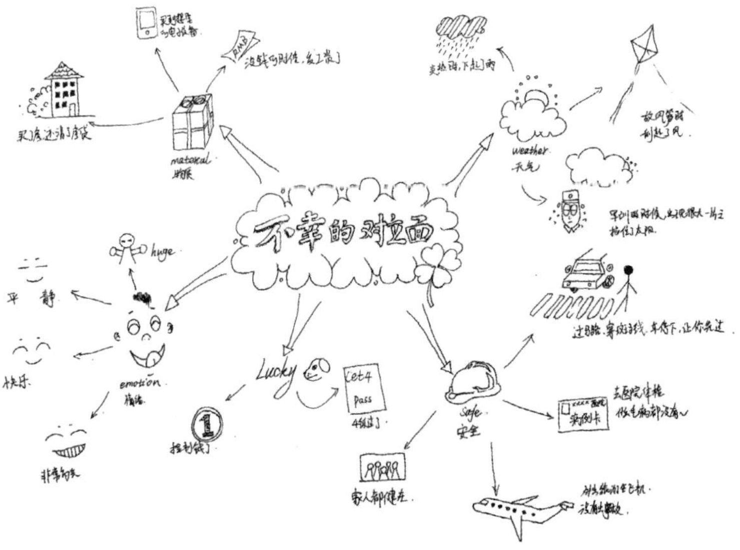

图2-14　不幸的对立面/何航

图2-15　焦虑的对立面/王梓昱

2.4 | 类比思考 |

类比，是由两个对象的某些性质相同或相似，推断它们在其他性质上也有可能相同或相似的一种推理形式。类比的出发点是对象之间的相似性，而相似对象又是多种多样的。

2.4.1　原理与知识点

相对于水流，电流是不可视的，虽然这两种物质属于不同的概念范畴，但依据两者之间的相似性，我们借助有形的"水流"对无形的"电流"加以认识和理解。于是就产生了：流水的阻力—电阻、水压—电压、流量—电流、导管—导线等新概念。这种类比思考的意义在于寻找事物内在的相似性，具体表现在：

① 发现未知属性，如果其中的一个对象具有某种属性，那么就可以推测另外一个与之类似的对象也具有这种属性。地质学家李四光经过长期观察发现，我国东北松辽平原的地质结构与盛产石油的中东很相似，于是经过一番勘探，终于发现了大庆油田。

② 把一个事物的某种属性应用在与之类似的另一个事物上，可以带来新的功能。众所周知，泡沫塑料的质量很轻，而且具有良好的隔热、隔音作用，带来这种特性的原因是在合成树脂中加入了发泡剂。有人由此想到在水泥中加入发泡剂，结果发明了质轻、隔热、隔音的气泡混凝土。

类比法又称综摄法，是由美国麻省理工学院教授戈登（W.J.Gordon）于1944年提出的

Chapter 02

一种利用外部事物启发思考的方法，他同时提出两个思考工具："异质同化"和"同质异化"。

"异质同化"是把看不习惯的事物当成早已看习惯的熟悉事物，在问题没有解决前，这些事物对我们来说都是陌生的，异质同化就是要求我们在碰到一个完全陌生的事物时，运用所有经验和知识来分析、比较，并根据结果，作出很容易处理或很老练的态势，然后再去想用什么方法才能达到这一目的；"同质异化"则是对某些早已熟悉的事物，根据人的需要，从新的角度观察和研究，以摆脱陈旧固定看法的桎梏，产生新的构想，即把熟悉的事物当成陌生的事物看待。为了更好地运用异质同化、同质异化，弋登还提出了四种模拟技巧：

① 人格性的模拟——感情移入式的思考方法。设想自己变成该事物后，自己会有什么感觉，如何去行动，再寻找解决问题的方案。

② 直接性的模拟——以作为模拟的事物为范本，直接把研究对象与范本联系起来进行思考，提出处理问题的方案。

③ 想象性的模拟——利用人类的想象能力，通过童话、小说、幻想、谚语等来寻找灵感，以获取解决问题的方案。

④ 象征性的模拟——把问题想象成物质性的，即非人格化的，然后借此激励脑力，开发创造潜力，以获取解决问题的方法。

2.4.2　训练课题

类比思考是从看似不相干的事物中找到解决方案。达·芬奇是举世公认的杰出画家，从配有5000多幅插图的手记中可以看出，他所涉及的领域相当广泛，其中包括机械、建筑、水力、空气动力、声光学等。他不但是一位博学的艺术大师，更是一位善于向自然学习的工程设计类比高手。如图2-16所示是达·芬奇手记中的直升机设计方案。他把水的流动类比于空气的流动，并将当时广泛用于水驱动的螺旋桨安装在直升机上。为了在空气中能垂直地把人"拉起来"，他把螺旋轴改为垂直方向。限于当时技术设备的限制，这个设计作品最终没能升空，但其设计理念和外观已很接近今天的直升机了。类比思维练习可以很好地找到各种创意的可能性，是设计师寻找创意灵感的重要方法。

课题 5	**类比图解**

① 什么车像条蛇？
② 什么车像大象？

扫码下载
实训活页

③ 什么动物像挖土机？

④ 什么动物像货运车？

要求：

根据题意做类比思维导图，围绕目标寻找在造型、结构、功能等属性特征上与之具有相似性的事物，运用思维导图的方式展开类比构思。如图2-17、图2-18案例所示，以蛇、挖土机为参照物，分别对在属性特征上与之具有相似性的交通工具或动物展开类比，绘制出思维导图。

图2-16　直升机设计方案/达·芬奇/意大利

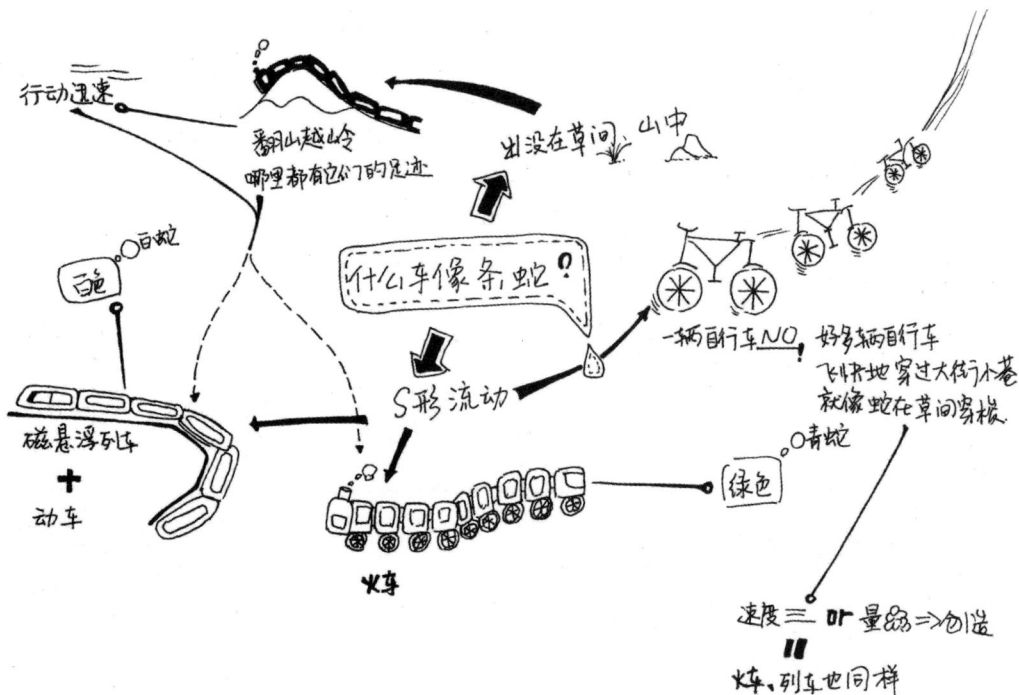

图2-17　什么车像条蛇/施齐

图2-18 什么动物像挖土机/孙樱迪

2.5┤头脑风暴│

被誉为创造学之父的亚力克斯·奥斯本在20世纪50年代就发明了"头脑风暴法"。其用途是激发集体智慧、提出创新设想,为解决某个问题提供方案。如本章介绍的逆向思考、横向思考等思维工具都可以在小组会议上使用,比起个人的苦思冥想,这种方式会得到更多的解决方案。

2.5.1 原理与知识点

现代经济组织越来越重视"团队合作",因为个人在经历、学识、专长等方面的差异很难独立解决难题,而在多人协作的条件下就有可能成功,即所谓整体大于部分的整体效应。大文豪萧伯纳曾经说过一句名言:"如果你有一种思想,我也有一种思想。通过交流我们就拥有两种思想。"这句话点明了交流的重要性。但是这种交流的有效性有时需要一定的条件和环境。一堆人在一起讨论问题有时比一个人想问题更没效率。

头脑风暴为什么能激发创新思维？原因如下：一是联想反应。联想是产生新观念的基本条件之一。在小组讨论中，提出一个新想法，能引发他人的联想，并产生连锁反应。二是热情感染。在不受任何限制的情况下，小组讨论问题能激发人的热情。自由发言、相互影响、相互感染，能形成热潮，突破固有观念的束缚，最大限度地释放创造力。三是竞争意识。人都有争强好胜心理，在竞争环境中，人的心理活动效率可增加50%或更多。组员竞相发言会不断地开动思维机器，因为组员都有表现独到见解的欲望。四是个人欲望。在宽松的讨论过程中，个人观点的自由表达不受任何干扰和控制，是非常重要的。一条重要原则是，不得批评仓促的发言，甚至不许有任何怀疑的表情、动作、神色。这就能使每个人畅所欲言，提出大量的新观念。头脑风暴的意义在于集思广益。为了保证这种方法发挥作用，参加头脑风暴的小组人员必须遵守四个原则：

① 畅所欲言——小组成员不应该受任何条条框框限制，要放松思想，让思维自由驰骋。从不同角度、不同层次、不同方位，大胆地展开想象，尽可能地标新立异，与众不同，不要担心自己的想法是不对的、荒谬的，甚至是可笑的。

② 延迟评判——在讨论现场不对任何设想作出评价，既不肯定、又不否定某个设想，也不能对某个设想发表评论性的意见。一切评价和判断都要延迟到会议结束以后才能进行。这样做一方面是为了防止评判约束与会者的积极思维，破坏自由畅谈的有利气氛；另一方面是为了集中精力先开发设想，避免把应该在后阶段做的工作提前进行，影响创造性设想的大量产生。

③ 追求数量——获得尽可能多的设想，追求数量是头脑风暴的首要任务。组员要抓紧时间多思考，多提设想。至于设想的质量问题，可留到会后的设想处理阶段去解决。在某种意义上，设想的质量和数量密切相关，产生的设想越多，其中的创造性设想就可能越多。

④ 引申综合——头脑风暴小组会不仅仅是把各自的想法罗列出来，还是一个激荡、催生新想法，获得更多更好方案的过程，因此要鼓励小组成员对他人已经提出的设想进行补充、改进和综合。

2.5.2　训练课题

"头脑风暴"是一种"集思广益"的小组会，一般有5～10人参加，其中有一位主持人和一位记录员。主持人首先要简要说明议题、要解决问题的目标以及会议规则，包括畅所欲言、不准批评、追求方案的数量等。然后组员针对同一个问题轮流提出意见，而最为重要的是一个意见往往会引发更多的意见产生。因此奥斯本作过这样的描述："让头脑卷起风暴，在智力中开展创造。"这就是头脑风暴的魅力所在。

Chapter 02

课题
6

体验头脑风暴

① 以小组为单位，随机分发一件物品（纸杯、螺丝刀、榔头、饮料瓶、折叠伞、吸管等）。

② 要求提出100种用途，小组成员轮流阐述关于用途的想法（图2-19）。

③ 每一位成员的想法又不断启发新点子（图2-20）。

④ 从思维发散的众多想法中选出最佳点子（图2-21）。

⑤ 小组代表向全班同学陈述演示最佳想法（图2-22）。

⑥ 投票评选最具创意的想法。

⑦ 根据最佳创意设计一件产品，并制作模型和版面（图2-23、图2-24）。

图2-19　以小组为单位的头脑风暴

图2-20　小组成员不断启发新的点子

图2-21　头脑风暴的思维成果

图2-22　陈述演示

图2-23　基于色彩认知的吸管玩具/陶佳勤、王楠

图2-24　创意儿童吸管拼插画/管瑛瑛、俞艳、周青衫

I Chapter 03
知觉思维
——手脑联动的方法

知识目标

了解知觉思维的概念、基本原理和特征；

掌握知觉思维的基本方法和工具；

通过知觉思维训练找到提升感悟力，拓展思维力的方法。

技能目标

通过手脑联动训练方法培养知觉感悟能力；

通过对经典范例的解读和研究培养多维思考能力；

通过仿生解构研究培养知觉思维能力；

通过意象解构训练培养知觉思维能力。

素质目标

培养学生的问题导向意识；

培养学生的专注力、研究精神和专业探索精神。

Chapter **03**

3.1ᅳ|探索可能性|

设计思维的运用不是简单的线性化过程，也不是苦思冥想地寻找结果，而是充分调动直观思维和逻辑思维两种不同思维方式来展开。前面一章讨论的是多向思维方法，或者称之为思考工具，方法和工具本身不能产生解决问题的方案，但可以帮助寻找解决的可能性。

"可能性"是一个非常重要的概念！研究、设计、探讨、实验等，都是寻找事物潜在可能性的过程。现实生活中，在解决问题的初期就能找到一种看起来令人满意的答案并不多见。如果努力寻找的话，可能会发现更多选择的可能性。从某种程度上讲，设计不是在寻找最佳答案，而是寻找"比较适合"的可能性。也就是说，设计不存在唯一正确的方案。

3.1.1 手脑联动

直观思维对应于人的第一信号系统，是建立在人类直观感觉上，通过人的感觉（视觉、触觉和听觉等）进行的一种思维活动。逻辑思维对应于人的第二信号系统，是建立在人类理性认识（概念、判断及推理等）的基础上的。一个优秀设计的诞生除了好的创意、理性思考之外，离不开直观思维，即有视觉、触觉和听觉等感官参与的感性互动，特别是在思路尚不清晰的设计探索初期，甚至直观思维还扮演着更重要的角色。这种非纯逻辑性思考更多地借助于直观思维，边做边想，边想边做，我们把这个动手与动脑相互作用的过程称为"手脑联动"。

现代脑科学研究已经证明，人脑所有区域都与认知有关。《艺术教育与脑的开发》一书中写道："背侧视觉系统（传统上认为其负责定向，但现在已经认识到该系统表征对目标的编码）、腹侧视觉传统（与物体的操作和转换有关）和颞叶（对加工的语言进行储存和提取）都只是整个复杂的相互作用系统中的一部分。呼吸、肌肉控制、心情、心率和无数的决定使得我们能够进行学习。身体为思维学习制定内容。思维不再是单纯的思维，而身体也不再是孤立的身体。"❶手脑联动实际上可以提升人的感知能力，通过训练手、眼的准确性、协调性和对空间方位的知觉性，提高其手部动作的灵活度和实际操作能力。苏联著名教育实践家和教育理论家瓦·阿·苏霍姆林斯基曾经说过："手是意识的伟大培育者，又是智慧的创造者。"有一个经典试题：提供一张铅画纸、两个鸡蛋，三个小时中用

---

❶ [美]詹森．艺术教育与脑的开发[M]．北京师范大学"认知神经科学与学习"国家重点实验室脑科学与教育应用研究中心，译．北京：中国轻工业出版社，2005：91．

纸做鸡蛋的包装设计。评分标准：在一米高的位置使"作品"往下落，鸡蛋完好无损，则考试通过，反之就落选。这其中考查一个学生的构造能力、材料运用能力、数学知识等，最主要的还是直觉感悟能力。而这种能力在考前是无法通过死记硬背拥有的。

　　探索可能性是设计思维非常重要的特点，"麦比乌斯曲面"就是探索可能性的设计课题，是手脑联动的思维练习，是动手和动脑相互作用寻找可能性的过程。"麦比乌斯曲面"在数学中属拓扑学问题，由德国数学家、莱比锡大学教授奥古斯特·麦比乌斯发现（图3-1）。麦比乌斯圈是将一条长纸带扭曲，然后将其两端粘在一起而形成的（图3-2）。荷兰画家埃舍尔❶的画作形象地诠释了麦比乌斯圈的

图3-1　奥古斯特·麦比乌斯
（1790—1868年）

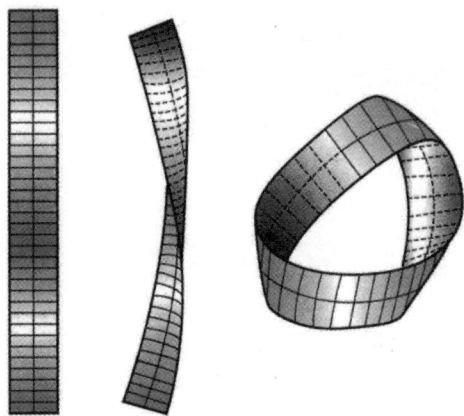

奥秘：几只蚂蚁在这个网架上永远走不到尽头（图3-3）。这个名为麦比乌斯圈的课题需要选择合适的材料，凭借视觉判断力和巧手制作设计出与众不同的麦比乌斯圈。

图3-2　麦比乌斯圈

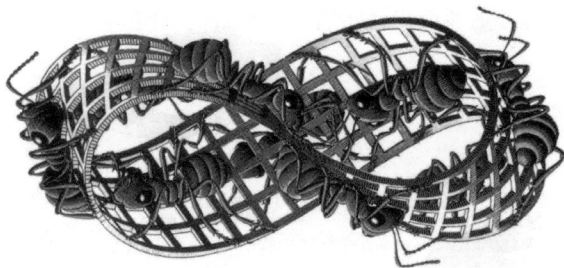

图3-3　红蚂蚁/埃舍尔/荷兰

❶ 埃舍尔是荷兰画家，在世界艺术领域中占有独一无二的位置。数学是他的艺术之魂，他在数学的匀称、精确、规则、循序等特性中发现了难以言喻的美。由于埃舍尔所思考的问题以及思考问题的方式更接近于科学家，所以他的作品首先为科学家所接受，是科学家发现了埃舍尔作品的价值和意义。数学家、物理学家以及心理学家分别从各自的角度解释埃舍尔作品。杨振宁的《基本粒子发现简史》一书就是以埃舍尔的《骑士》作为封面的。

Chapter 03

课题 **1**

麦比乌斯曲面

① 在一张正方形的卡纸上任意剪一刀，然后做一个仅有一个面和一条边的曲面造型，即所谓的"麦比乌斯曲面"。

② 先试做10个草稿，看看剪开的各种线型（直线或曲线）对整体造型及曲面的影响。

③ 对10个草稿逐个进行评估，选择其中1个能充分体现纸材特性，曲面舒展、翻转自然的造型，并对其反复修正，用规定的卡纸制作正稿。

④ "麦比乌斯曲面"造型在数学中属于拓扑学问题，但本课题不是借助计算能力，而是训练直觉判断力。

⑤材料：A4卡纸、8寸纸盘、白乳胶。

▶ 扫码下载 ◀
实训活页

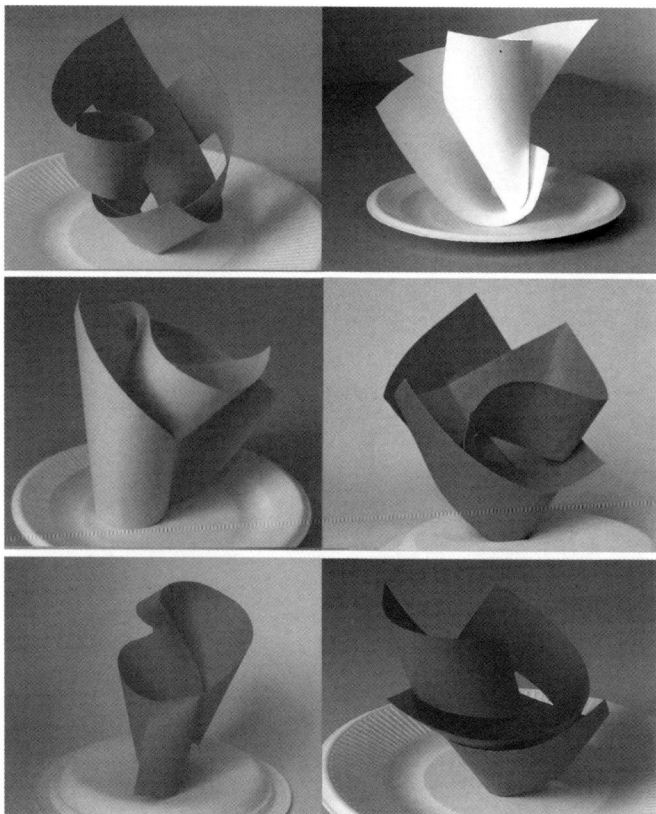

图3-4为麦比乌斯曲面作品。

图3-4　麦比乌斯曲面/崔诗奇、孔雅丽、徐凯悦、管瑛瑛、俞艳、谢节节

3.1.2 契合

中国传统玩具"孔明锁"是经典益智玩具，相传是三国时期诸葛孔明根据八卦原理发明的，来源于中国古代建筑独有的斗拱结构（图3-5）。建筑师和设计师常常把对孔明锁的研究纳入自己的专业研究范围。如图3-6所示的两件作品，其灵感都源于中国传统三柱孔明锁。其一咖啡桌由两个部分组成——玻璃桌面和三根相互咬合连接的桌腿，

图3-5　传统建筑斗拱结构

桌腿之间无需螺丝和其他连接件，只需相互卡接咬合即可固定，拆装非常方便。另一套餐具设计中的勺子、叉子和刀具之间通过中间的卡位连接在一起，形成一个稳固的三角形支架，结构十分巧妙，美观实用。

图3-6　孔明锁概念的咖啡桌和餐具/Carsten Schelling、Ralf Webermann、Sven Rudolph（德国）

对孔明锁的研究涉及几何学、拓扑学、图论、运筹学等多门学科。我们对孔明锁的兴趣点则是结构本身。巧妙的结构形式与丰富多变的形态互为因果，美感中显露出一种感性与理性的交融，更是一种机智和趣味的体现。研究孔明锁可使我们领略到设计创造的乐趣。孔明锁的结构在形态学中称为"形态契合"。对形态的契合设计就是根据形态的基本功能要求，找出形态之间的相互对应关系，如上下、左右或正反对应等，创造出来的形态相互配合、互为补充，由各自独立的形"整合"为统一体，达到扩大功能、节省材料和空间、方便储存、减少资源投入的功效。我们在设计思维课程中研究孔明锁，更多的是为了让大家从这些经典范例中有所启示，锻炼在解决问题的过程中寻找思路和方法的能力。

　　"孔明锁"设计要点是三向度的连接，"个体"与"整体"可以自由拆卸与组装。需要注意的是，材料、结构、形态是一个"系统"的概念：材料决定连接的方式，连接的方式决定结构，结构决定最后的形态，而形态是由材料的特性决定的。这几个元素互为因果，不能用主观上自认为好看的材料"硬套"在某个结构中。所以设计构思的过程就是在这几个元素里寻找各种组合的可能性。即使是所谓的经典作品也不意味着"唯一"。孔明锁本身就有三柱、六柱、八柱、九柱之分，每一种柱式又有多种形式。利用孔明锁原理可以设计出各种不同材料、不同构造的"孔明锁"（图3-7）。

图3-7　三柱和九柱孔明锁

孔明锁

① 本课题要求寻找合适的材料，设计一种创新结构——三向度的连接（连接处不得使用胶黏剂）。

② 单体之间必须能自由拆卸，组合成一个结构稳定的整体。要充分研究材料与形态契合的可能性。

③ 画出结构尺寸图及展示图片。

④ 材料及尺寸不限，数量1件。

设计步骤：

①探索与构思。选择一个基本单体和向度，利用草图或简易模型试制等方式展开设计构思，探索各种可能的连接结构。

②绘图与制作。根据构思的初步方案，选择适当的材料（如卡纸、瓦楞纸或KT板），将方案制作成实物模型。

③设计版面。将模型拍照，将创意构思图、设计草图和工程制图等扫描，结合设计说明做成A4版面（图3-8、图3-9）。

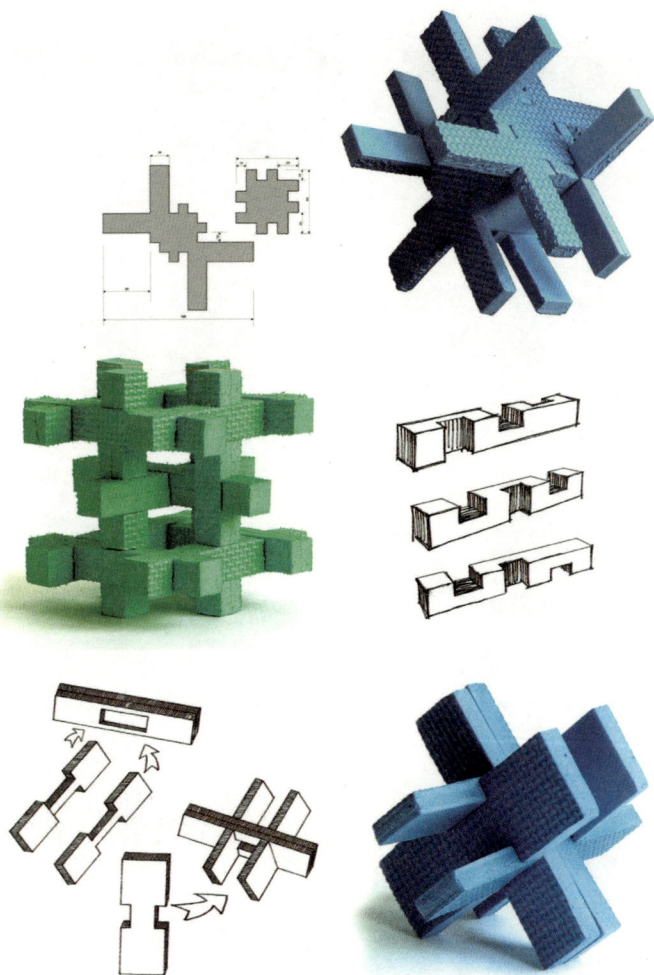

图3-8　孔明锁设计/陈凡、郑书洋、上官长树

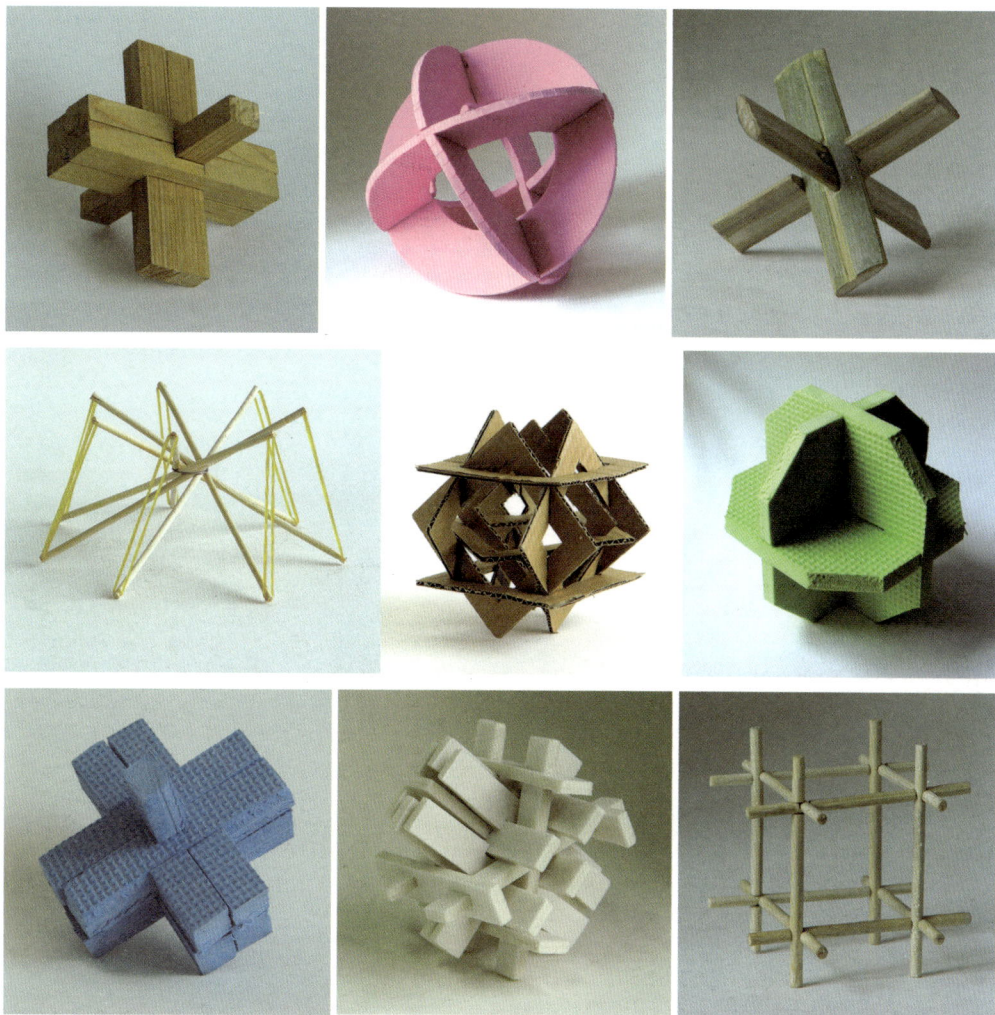

图3-9　不同材料的孔明锁/毕超、叶芳、金军、龚丽娟、陈晨、吴立立、陈孝杰、倪佳倩、张伟雄

　　孔明锁可以理解为不用胶黏剂就能使组件连接起来并方便拆卸的"易拆易装"的连接构造。设计要点体现在结构巧妙、简洁，用材合理，连接可靠，拆卸方便，加工方便等方面。

　　下面的"连接"课题要求寻找合适的材料，设计一种新的连接方式，不能使用胶黏剂。所谓合适的材料，其含义是在学生能力范围内能得到的、容易加工的、廉价的、安全的材料等，其中包括各种纸张、泡沫塑料等，在文具店、小商品市场能采购到，所以把金属等硬质材料、贵重材料排除在外。在这个前提下对可获得的材料做"可能性"的尝试。值得注意的是，构思设计的过程不是计算、推理出来的，而是手上拿着材料和工具不断尝试，寻找连接的各种可能性。

木作构架

① 以木材为材料，设计一种能自锁的创新连接。构件不用黏结剂，构成一个稳定的立方体，并且可以反复拼装和拆卸。

② 首先确定基本形，板材、线材都可以作为基本构件。并用模型板或瓦楞纸等易加工材料作草模研究，反复试做后再定形。

③ 制作正稿时，要充分研究木材特性与形态连接的可能性。

④ 模型尺寸：400mm×400mm×400mm范围之内。

⑤ 版面：A3纸，彩色打印，再拍一段20秒视频。

设计步骤：

① 探索与构思。选择一个基本形，利用草图或简易模型试制等方式展开设计构思，探索各种可能性。

② 绘图与制作。根据构思的初步方案，绘制出设计尺寸图，选择适当的木质板材，根据尺寸图下料和裁剪，通过组装做出实物模型。

③ 设计版面。将模型拍照，将创意构思图、设计草图和工程制图等扫描，结合设计说明做成A4版面（图3-10～图3-13）。

图3-10 木作构架/谢中蔚、金佳敏

图3-11 木作构架/陈羽诺、闻柳欣

▶ 案例视频 ◀

▶ 案例视频 ◀

设计思维与方法　设计：陈溢彪、林潇、陈洁涛　指导：叶丹、许杭斌　日期：2024/10

丽水职业技术学院发展分院造型设计基础课程

设计课题：木作构架

以木材为材料，设计一种能自锁的创新连接，构件不用黏结剂，构成一个稳定的立方体，并且可以反复拼装和拆卸。制作正确时，要充分研究木材特性与形态连接的可能性。

作品尺寸：400mm×400mm×400mm范围之内。

▶ 案 例 视 频 ◀

图3-12　木作构架/陈溢彪、林潇、陈洁涛

设计思维与方法　设计：苏杨、项楚君、王佳怡　指导：叶丹、许杭斌　日期：2024/10

丽水职业技术学院发展分院造型设计基础课程

设计课题：木作构架

以木材为材料，设计一种能自锁的创新连接，构件不用黏结剂，构成一个稳定的立方体，并且可以反复拼装和拆卸。制作正确时，要充分研究木材特性与形态连接的可能性。

作品尺寸：400mm×400mm×400mm范围之内。

▶ 案 例 视 频 ◀

图3-13　木作构架/苏杨、项楚君、王佳怡

3.1.3 灯泡包装

白炽灯是玻璃材质的，属于易碎品，包装很有讲究，既要有保护功能，又不能太贵。如果有过在商店里购买灯泡的经历，就会发现单个灯泡的包装是最普通的纸盒包装，没有更多的保护性结构设计，而陈列在货架上的灯泡多是五个一组用塑料薄膜封好的，拿起一组灯泡包装时就会发现其整体强度增强了许多。这是为什么呢？仔细想想，这是由灯泡的商品性决定的：灯泡是一种廉价商品，由于价格的限制，制造商不可能在包装上花更多的资金；但灯泡又是一种易碎品，在运输中极易破损（像鸡蛋），当5个纸包装盒用塑料薄膜连成一体时，每个纸包装盒的两侧成了整体的加强筋，所以强度大大增加，在运输中起到了很好的保护作用（图3-14）。从中我们可以看出，在商品设计中，经济性原则往往是首先要考虑的。

以"包装灯泡"为课题，是借相应设计对象的功能需求特性，来研究形的构造，以及材料与功能等因素之间的关系。该课题排除其商品性，是为了在课题的研究中便于排除对固有概念认识的局限，发掘其更深层的内涵并赋予全新的意义。在构思时，强调试验的意义，重点放在发现"可能性"上，可以从多种视角入手：尝试新的材料，生物仿生，移植其他事物的结构，等等。

"包装灯泡"课题要求将两个或多个玻璃灯泡包装在一起，既要保护灯泡，又要便于打开。如图3-15所示，将瓦楞纸折两下形成三角形，将灯泡稳稳地卡在其中，具有结构简单、省材的特点。

图3-16所示的结构在展示性和整体性上效果良好。作者最初设计的造型是用四块纸板卡住两个灯泡，结构上还算合理，但在视觉上给人一种松松垮垮的感觉。经过多次试制，作者把主体纸板改成两个背靠背的"U"字形结构，在视觉效果上、功能上提升了许多。由此可见，要把一个普通想法发展成一个"好的创意"是需要经过反复试验的。图3-17所示的作品在材料选择上用了富有弹性、透明的塑料片，通过一个三角形的反弹力把两个灯泡固定在其中，在展示性、安全性上有很好的表现。图3-18所示的作品将四个灯泡"埋"在一个稳定的井字形框架中，构思独特，结构稳定。

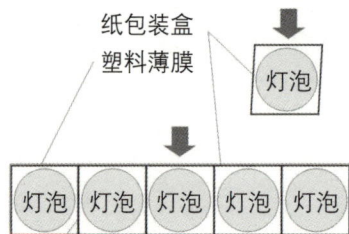

图3-14　灯泡包装结构分析

图3-15　灯泡包装结构设计/叶向斌

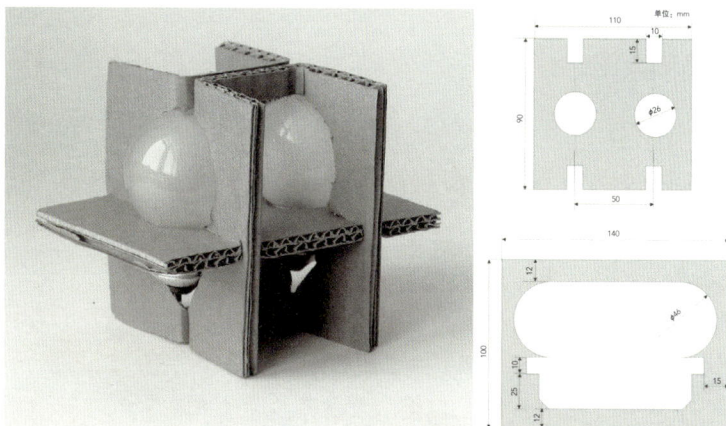

图3-16   包装灯泡/陈强

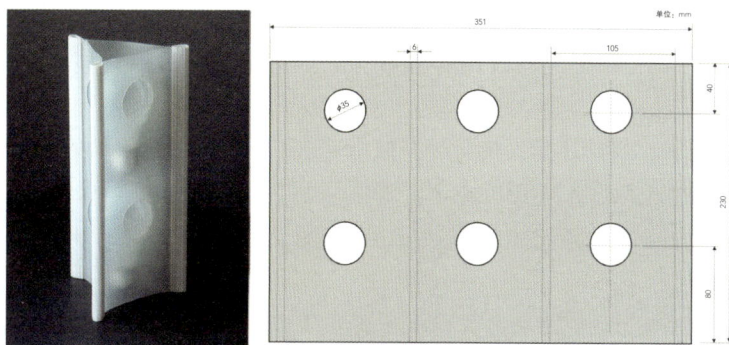

图3-17   包装灯泡/吴立立

图3-18   包装灯泡/吴立维

包装灯泡

① 选择合适的材料将两个或多个灯泡包装在一起，既要保护灯泡，又要便于打开，使其具有安全性、展示性和美观性。

② 要充分体现材料特性，设计合理的插接结构。原则是省材，结构简单和巧妙。

③ 不做材料表面装饰，以材质和造型结构体现美感。

④ 写出结构说明等描述性文字，画出展开图、使用状态图。

⑤ 材料：瓦楞纸、塑料片材、KT板、木材等，尺寸不限。

设计步骤：

① 设计构思。根据给定的包装对象及基本要求，明确设计的边界条件，展开创意构思。

② 设计绘图。经过计算，使材料合理地运用在作品中，准确绘制出平面展开图。基本方法：动手前测绘灯泡各部位的尺寸，制作一个1：1的灯泡模板（图3-19），把设计稿1：1地画在纸上，然后将灯泡模板放在图纸上进行推敲修改，确定各部位的平面尺寸（图3-20）。

③ 裁剪和组装。根据平面展开图进行制版和下料，制作出零部件，之后进行组装。

④ 作品拍照，制作版面，A4纸彩色打印（图3-21）。

图3-19　制作一个灯泡模板

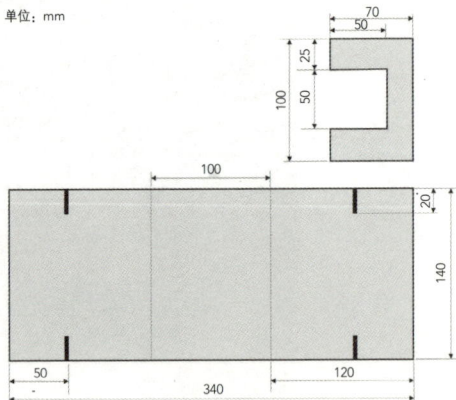

图3-20　包装平面展开图

单位：mm

48

本课题要求设计出将两个灯泡连在一起的包装，并要求体现其结构美、材料美和造型美。作为基础练习，我首先是从结构、形式上进行考虑的，参阅了资料书上的一些结构形式，熟悉了解各种材料的性能和构成原则。我觉得这样的过程是十分必要的，熟悉了解的过程也就是学习的过程。从中感到：无论什么材料都既有可塑、便于制作的一面，又要受到各种限制。就拿瓦楞纸来说，并不是所有的形式都能体现，要遵循一定的规律性。所以，设计过程中的异想天开，只有遵循构成规律才能实现。在正式做课题之前，我试做了几种形式，有些能制作出来，有些就无法制作，因为违反了构成规律。在熟悉了解的基础上，开始构思作业。选定了能体现我的设计意图的形式，进行试做。如果说前一阶段的练习是学习了解的过程，那么这一阶段就是深化提高的过程

单位：mm

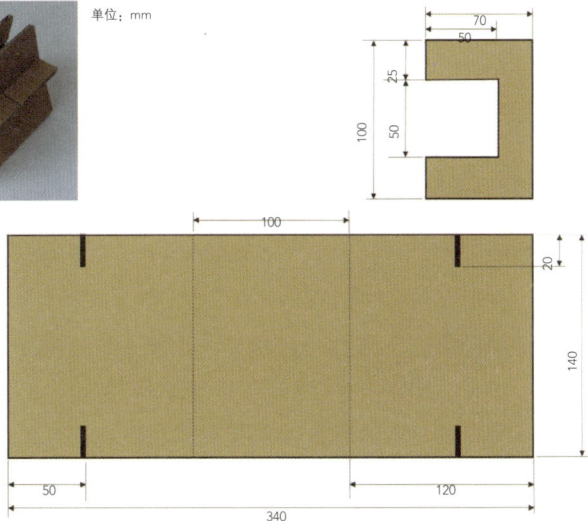

图3-21　包装设计版面/吴立立

3.2 折与叠

古往今来，运用折叠构造的物品造型可谓名目繁多，仔细分析这些看似千差万别的器物形态，都有其各自的造型规律，图3-22展示了折叠构造的分类。掌握这些基本规律就能触类旁通，设计出更多完美的产品。

		轴心式 （折扇型）	例如：折扇、雨伞、建筑遮阳篷、瑞士军刀、折叠自行车、折叠沙发、折叠工具箱等。
折叠	折	平行式 （手风琴型）	例如：手风琴、纸灯、机场活动通道、建筑拉闸门、雨棚、通道车等。
		褶皱式 （折纸型）	例如：折纸玩具、家具、灯罩、教学模型、屏风、居室装饰等。
	叠	重叠式 （叠碗型）	例如：碗、碟子、一次性茶杯、折叠椅子、俄罗斯套娃、望远镜等。
		充气式 （气球型）	例如：气球、充气娃娃、广告气模、气垫床、救生圈、救灾帐篷等。
		卷式 （卷尺型）	例如：钢卷尺、钓鱼器具、卷闸门、屏风、卷筒纸、布匹、木匠用墨斗等。

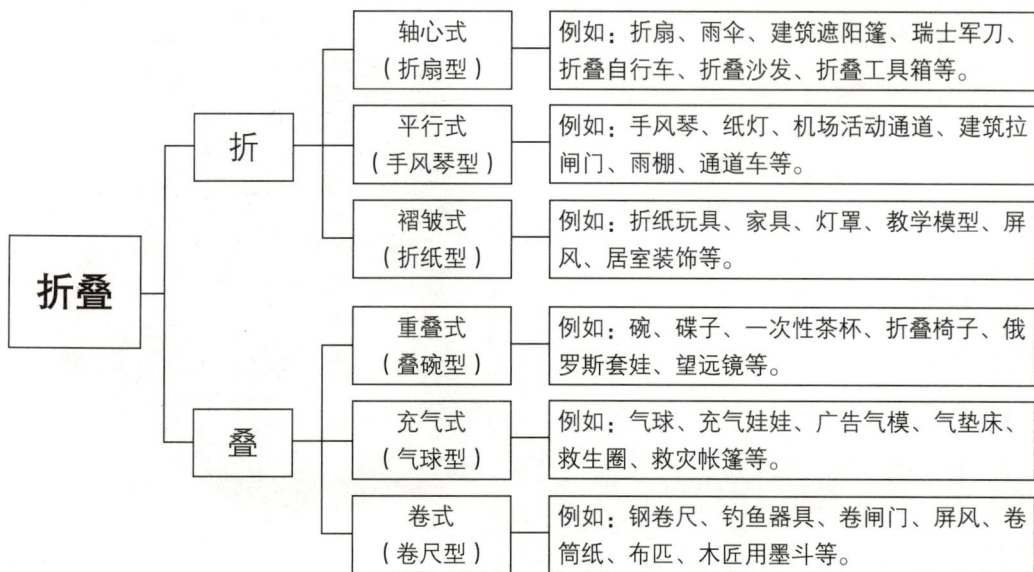

图3-22　**折叠构造分类图**

3.2.1　自然的启示

　　自然界的生物各自有一套生物构造来保持其生命状态：鸡蛋、蜂窝或者蜘蛛网，看上去很脆弱，在大自然的风风雨雨中，却能保持其形态的完整性，这就得益于各自合理的生物构造。生物构造的多样性是自然界"物竞天择"的结果。比如橘子——一件完美的自然杰作（图3-23），鲜艳的橘黄色和特殊质量的表皮，不仅能吸引人的眼球，引起人的食欲，还具有防止日晒雨淋和水分蒸发的功能；内层海绵状的白色纤维组织保护着最里面的果汁果肉，同时阻隔外来的寒暑，起到防护作用；果汁果肉被安放在一个个橘瓣中，就像超市里的小包装食品；最重要的种子则被保护在瓣囊中，不会轻易受到损伤。如此看来，你是否觉得一个"橘子"里面具备了现代商品设计的全部要素？

　　再看鸡蛋，椭圆是最美的自然形态之一，并且方便产出；材料为碳酸钙的蛋壳具有良好的防护功能；蛋壳上密布的气孔便于通风，为气室提供充足的氧气；流动的蛋白起着缓冲作用，便于蛋壳自由地滚动，以免受到损伤（图3-24）。从生物学角度看，橘子和鸡蛋之所以是现在这个模样，完全是自然界物种进化的结果，不具备上述功能，或者说是生存优势，这些物种就不会延续到今天。我们从中了解和分析生物的生存优势，是为了研究这些优势背后的支撑因素，从而运用在专业设计上。

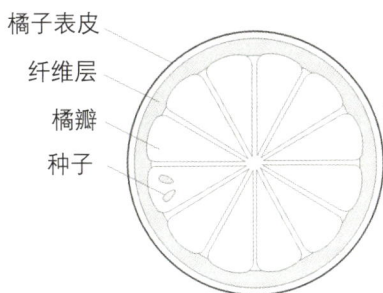

橘子表皮
纤维层
橘瓣
种子

图3-23　橘子的构造

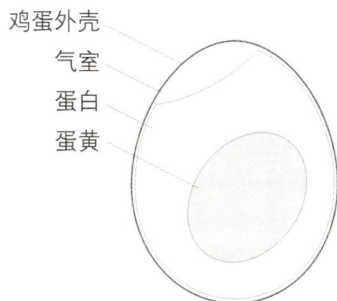

鸡蛋外壳
气室
蛋白
蛋黄

图3-24　鸡蛋的构造

　　自然界中的哺乳类和脊椎类动物都依赖骨骼承载自身重量。生物进化的规律是，越是高级的生物，骨骼就越复杂。就像各种生物有着不同的骨骼，不同的产品也有着不同的构造。照相机和汽车的功能截然不同，其构造也大相径庭。没有构造，也就没有产品形态。研究产品构造，首先要研究它的机能以及构成形态。

　　一件好的产品应该是而且必须是技术与艺术的综合体，而不是"技术"加上"艺术"。产品中既有技术因素，也有艺术因素，并且两者在各方面都有关联，不能把技术因素与艺术因素分开处理。构造既是一种技术，也是一种艺术。如图3-25所示是丹麦设计师汉宁森设计的"PH系列灯具"，是举世公认的功能、构造设计俱佳的艺术品。建筑师罗德列克·梅尔说得更为精辟："构造技术是一门科学，实行起来却是一门艺术。"构造，影响到产品的最终形态。

　　力学法则是构造美的重要基础。力可以分为客观的物理的力和主观的心理的力（或称量感）。力受构造的形态、材料、重量等客观因素影响，是可计算的物理量；而力量感则是人的心理感觉。具体地说，当人看到色彩灰暗的物体会觉得它比较沉重，看到色彩明亮的物体会感觉比较轻快。尽管这种感觉不一定与客观事实相符，因为通常物体的重量与构成该物体的材料有关，而与物体的色彩关系不大，但在日常生活中，人们对事物的判断常常被心理感受所左右。

图3-25　PH系列灯具/汉宁森（丹麦）

3.2.2　折叠结构

人们通常把"折"和"叠"组合成一个词使用，实际上"折"和"叠"是两个具有不同含义的字。《现代汉语词典》中，折的字义有：① 断，弄断；② 损失；③ 弯，弯曲；④ 回转，转变方向；⑤ 折服；⑥ 折合；⑦ 同"摺"，折叠；⑧ 同"摺"，折子；等等。"叠"的字义有：① 一层加上一层，重复；② 折叠；等等。由此可知，"折"和"叠"含义不尽相同，但两者有着一定的关联，因此常常把"折""叠"连在一起使用。例如，可以将一张纸反复对折，由此产生"叠"的结果。但"叠"未必都是"折"的结果，比如日常生活中常把同样大小的碗叠放在一起，这就不是"折"的结果。

（1）"折"的两种形式

1）轴心式

以一个或多个轴心为折动点的折叠构造，最直观、形象的产品就是折扇（图3-26），所以轴心式也称"折扇型"。

轴心式中有围绕同一轴心伸展的结构，如伞、窗户外的遮阳篷；有具备多个轴心的构造物（不是同一轴心），如维修路灯的市政工程车等；也有轴心相同、伸展半径长度不同的物品；还有方向相同且可以上下联动的结构；等等。在折叠童车设计上常常是多种形式的综合运用。轴心式结构的特点是对各个构件的尺度要求比较严格，在设计上要求计算准确，配合周到。轴心式是应用最早、最广也是最为经济的构造形式之一（图3-27、图3-28）。

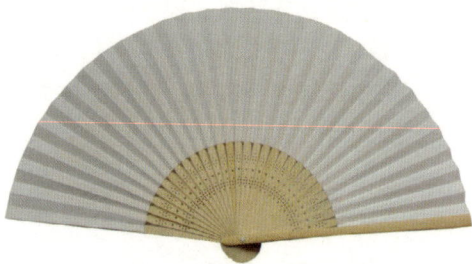

图3-26　折扇——轴心式折叠

图3-27　折叠键盘

图3-28　遮阳罩——轴心式折叠

2）平行式

利用几何学上的平行原理进行折动的折叠构造，典型形象是手风琴，所以平行式也称"手风琴型"（图3-29）。平行式可分为两种结构：一种是"伸缩型"，通过改变物品的长度来改变物品的占有空间，如老式照相机的皮腔、气压式热水瓶等；还有一种是"方向型"，结构上是平行的，而在运用时是有方向变化的，如机场机动通道的皮腔装置，为了能灵活地对准机舱门，机动通道口必须能灵活调整角度（图3-30）。

平行式的优点是活动灵活，易产生动感，线形变化丰富，具有律动美。相对于轴心式，其结构要简单得多，造价也相对低廉，所以广泛应用在各类产品设计中。不足的是，这种结构的物品如不加辅助构件，不易定向，易摇晃扭损。

图3-29　手风琴——平行式折叠

图3-30　机场机动通道

3）褶皱式

这里所指的"褶皱"就如把一张平面的纸张，折成一个立体的船，褶皱是平面立体化的手段。折纸最形象地体现了这种形式，所以褶皱式也称"折纸型"（图3-31）。"轴心式"和"平行式"多多少少带有机械结构，用于定位、定向等，在一定范围内展开、收拢。"褶皱式"没有机械成分，而是利用材料本身的韧性和连接件完成从平面到立体的转换，并在两个维度中双向变化。比如用瓦楞纸做的椅子，完全运用瓦楞纸的特性进行立体化设计，不用胶水，采用插接方式连接。

图3-31　折纸骏马

（2）"叠"的三种形式

1）重叠式

"叠"的特征是同一种物品上下或者前后可以相互容纳而便于重叠放置，从而节省整体堆放空间。最常见的如叠放在一起的饭盒（图3-32）、椅子（上下重叠）、超市购物车（前后重叠）。如图3-33所示的法国设计师Essaime设计的"迷题"排椅，就是运用了群体重叠的构造。这种椅子适用于公共场所，例如当要将空间从会议室转换成活动室时，椅子的排列使用与叠放收纳会很方便。

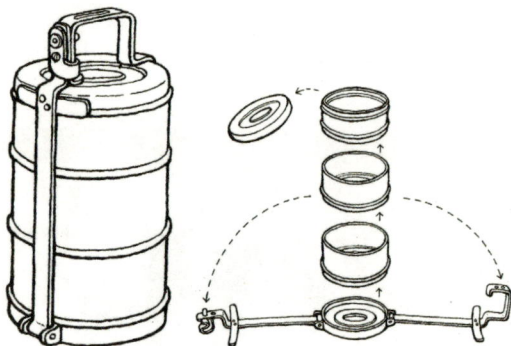

图3-32　饭盒

图3-33　"迷题"排椅/Essaime（法国）

2）充气式

充气式是在薄膜材料中充入空气而成形的产品，其薄膜通常是高分子材料。最典型的是热气球（图3-34）和儿童气球，所以也称为"气球型"。充气产品在未来社会具有很大的市场前景，旅游产品、户外家具、网购产品等都是其发挥优势的领域。充气式产品的特点是可在短时间内产生一个比原物体大若干倍的物体，放气后便于折叠收纳。现代商业活动中的广告气模就是大型的充气产品。

图3-34　热气球

3）卷式

卷式构造可以使物品重复地展开与收拢，从造纸厂出厂的纸张和用于制作服装的坯布都是"卷"式形态。最典型的产品就是钢卷尺（图3-35）。在卷尺发明之前有人发明了由许多根木条构成的"之"字形尺，它可以折叠收放，但还是不太方便。直到钢卷尺被发明后，尺子的使用和收藏才变

图3-35　钢卷尺

得足够方便。

3.2.3 折叠与收纳

现代社会中，人们生活、工作、学习的节奏比以往任何时候要快得多，生活形态也更加多样。与人的这种生活状态密切相关的人工制品，在品质和功能上要求越来越精致和一物多用：一种产品往往要同时扮演多种角色。这里分析一下童车的用途，以便于理解人们对产品的要求：在家里应该是摇篮，在社区花园是儿童车，在商场购物兼有载物功能，在风景区要能背在肩上，在路上要方便上公交车或放在轿车后备厢中，等等。从人们对这种"多功能产品"的要求中，我们可以解读出人们生活形态的多姿多彩。在不远的过去，一个木制的婴儿摇篮就能应付一切，而现在人们很少会选择一个单一功能的摇篮。对产品的这种"多维需求"导致了设计师对产品"多功能"的追求。另外，在现代工业化生产、销售的过程中，除了基本的使用功能外，包装、运输、销售方式、维修、回收等，都是产品设计中不可回避的因素。一辆童车或者一个落地电扇，在出厂包装时不可能是产品使用状态下的模样，一般都要进行分解或折叠处理，不然运输成本太高（商家把小产品大包装一类的产品称为"泡货"），而运输成本直接制约着产品的市场竞争力。

所以，产品的多功能不仅是"使用时的多功能"，还包含上述各个环节的"功能"因素。折叠构造中就蕴含着"多功能"与"空间整理"的特征，把实现集多种功能于一体变成可能，归纳起来其有以下几方面的功能价值。

① 有效利用空间。自然界中，鸟类在飞翔时和栖息时的状态就存在一个展开与折叠的过程。在这个转换过程中，一只鸟本身的体积没有发生变化，也就是说所占的实际空间没有变，栖息时的"折叠状态"只是减少了"储藏"空间。试想一下，如果鸟呈飞翔时的展开状态，怎么能躲进鸟窝或者树洞？所以，我们讨论折叠产品的"节省空间"主要说的是它的储藏空间。如图3-36所示的折叠自行车由日本松下公司生产，材料是轻质的金属钛，车身只有6.5公斤重。整辆车完全折叠起来后只有63.5cm长、33cm宽、58.4cm高，仅占折叠前体积的1/6，放在汽车后备厢中，外出旅行相当方便。

② 便于携带。最直观的例子就是雨伞。一把已经折叠过的竹骨油纸雨伞，其长度大概在80～90cm。在古画中，我们常看到书生进京赶考时肩上都要背一把像步枪一样的雨伞。现代

图3-36　**折叠自行车**

伞的材料发生了根本性变化——钢质伞骨、尼龙伞面，为再次折叠创造了有利条件。现在的二折叠甚至三折叠伞，其长度缩短到25cm以下，可以随意放进小包中。类似的产品有折扇、折叠摄影用三脚架、折叠衣架等。这类折叠产品在满足一定的使用功能外，主要考虑"便携"的特征。所以在旅游休闲产品中，"折叠"设计是很重要的元素。

③ 一物多用。这一概念经常被运用在家具设计中。据心理学家研究，人的居住环境最好在一定时期内做些变化，比如起居室，沙发、书柜、桌子、椅子最好半年或一年内在空间布置上做一些变动，让长期处在室内环境中的人产生新鲜感，有利于人的身心健康。所以，家具就成了调整室内空间的道具。比如有一个家具设计，其双人床可以折叠在大立柜中，这样室内功能就发生了戏剧性变化：白天是客厅功能（床折叠在柜子中），晚上把床从柜子中放下来，那么客厅就变成了睡房。如图3-37所示的这个奇特的"书架桌"可以说是"一物多用"的典型之作。

图3-37　书架桌

④ 安全。在触屏式智能手机出现之前，折叠手机很有市场。折叠手机在体积上没有多少优势，与非折叠手机相差无几。折叠手机的一个重要功能就是按键被完全保护起来，虽然非折叠手机也有按键锁，但相比之下前者还是更安全、更方便。另外，一些利器（刀、针、剪刀等）经过折叠处理后，不但缩小了所占空间，而且隐藏了锋利部分，保证了携带的安全和方便。

⑤ 降低仓储及运输成本。前文提到的松下折叠自行车，出厂包装时，折叠后装入的纸箱与展开状态下装入的纸箱，所消耗的包装瓦楞纸用量要节约许多。对比运输及仓储成本，前者只是后者的1/6。从这一点上讲，折叠产品不仅仅是有效利用了空间，还有效利用了资源和

图3-38　文件包

能源。关于折叠构造的研究以及运用，对厂商制造、运输仓储以及空间利用都有积极意义。

⑥ 便于归类管理。我们在工作学习中都有这样的体会，许多文具、五金工具在工作时使用比较频繁，如能把这些具有不同使用功能的工具分门别类地放置，就有利于提高使用效率。反之，就整天处于寻找工具的忙乱中。如图3-38所示的这款文件包，可以将重要文件分门别类地放置，在办公室还可以展开挂在墙上，查找文件时十分方便，对于那些必须经常带着资料外出做演讲的人而言尤为方便。

| 课题 5 | **折叠与收纳** |

① 以自己的生活环境为观察对象，对宿舍、校园公共场所及本人生活状态做深入仔细的调查研究。

② 画出思维导图或概念地图，从中提炼设计概念。画出设计草图、结构图。

③ 制作设计模型及版面（图3-39～图3-42）。

④ 材料：模型板、瓦楞纸、卡纸、无纺布、EVA等。

2018年"商城设计学院杯"
浙江省第十届大学生工业设计竞赛
THE 10TH COLLEGE STUDENTS INDUSTRIAL DESIGN
COMPETITION IN ZHEJIANG PROVINCE

HANG-SHOW BAG
便于悬挂的展开式网球背包

HANG
SHOW
BAG
LOGO

产品介绍

这是一款功能与结构
与众不同的运动型背包，
尤其适用于那些喜欢室外
运动的学生。特殊的结构
和功能便于将包挂在护栏
上保持干净，完全展开的
结构便于取放毛巾、水杯
和一些运动用品。

产品功能

1. 可容纳学习用品

2. 可挂置在运动场上

3. 可放置运动用品

4. 可单独挂置在寝室

使用方式

结构尺寸

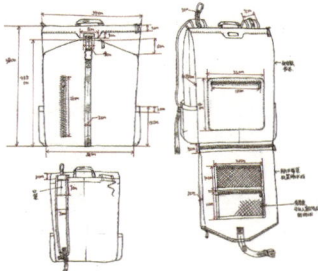

▶ 扫码下载
实训活页 ◀

使用场景：露天网球场

图3-39　网球包/张皓伟、陈美琪、何航

图3-40　可折叠猫窝/庄晴骋、吴璐雯、赵凌楠

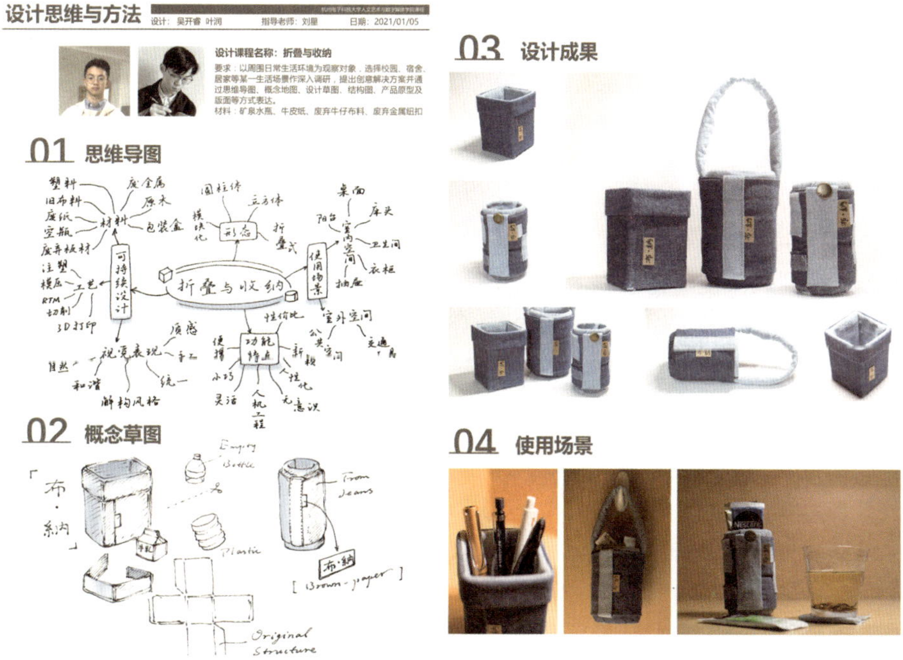

图3-41　DIY布艺收纳盒/吴开睿、叶润

变形袋

折叠式共享购物袋

1 扫码共享

在付款时，用户通过扫描袋子上的二维码就可从收银员处拿到一个袋子，同时App上会有记录，归还时将二维码放到扫码器前进行自觉归还，与此同时App上也将显示袋子归还的信息。10天内不归还将扣账户余额。

为了解决购物袋的浪费和白色污染问题，我们设计了一个与共享理念相结合，并加入了拉链的可折叠结构的环保型购物袋。它可以较好地解决购物袋的一系列问题。

3 重复使用

不同于现在的一次性购物袋，通过回收利用该袋子，将能重复使用。

2 容积可变

通过拉链可对半折叠袋子，闭合拉链，使得袋子体积缩小一半。

图3-42　共享购物袋/丁晓清、高倩

3.3 意象解构

　　阿恩海姆在《视觉思维》一书中特别提到与创造性思维密切相关的"意象（image）"。他认为"意象"强调的不是传统观念上对客观事物完整机械地复制，而是对事物总体特征积极主动地把握。譬如，看到了一辆小汽车，但不清楚它是商务车、旅行车还是跑车；看到一张纸币，但不清楚它是哪国币种；看到一个人，但说不清他是本国人还是外国人。这是一种既具体又抽象的意象，同时也是自相矛盾的模糊意象。这种视觉意象不仅直接来源于对象本身，而且也可以由某些抽象概念间接传达。例如说到高大威猛，人的心目中便会现出一个昂首挺胸、气壮如牛的形象；一条蛇可以被简化为S形曲线；一棵树则引用简洁的几何形来呈现。

3.3.1　心灵的意象

　　意象是一种既具体又抽象、既清晰又模糊、既完整又不完整的形象。说到底，这是一种代表事物本质或代表着某种内在情感表现的"力"的图示。由于它的动力性质，其本身的运动"逻辑"变成了创造性思维活动中的推动力。

（1）心灵的意象

任何思维，尤其是创造性思维，都是借助意象进行的。与知觉不同，意象纯粹是一种内心活动的表现。这种意象是心灵对某种事物之本质认识和解释的产物，所以称之为"心灵的意象"。哲学家康德说得更明白，意象其实是"想象力重新建造起来的感性形象"。美国心理学家安德森（J.R.Anderson）把意象概括为六个特征：

① 意象可以不断地呈现为多变的信息；

② 意象可以被操作，即模拟的空间操作；

③ 意象不受视觉通道的约束，并呈现为空间的和不断变化的信息的一部分；

④ 数量属性（如尺寸大小）很难在意象中得到辨析，但意象中会呈现出较多的数量特征的相似性；

⑤ 意象比图形具有更多的可塑性，而较少脆性；

⑥ 复杂事物的意象被分割为若干部分。❶

（2）意象的变动性和潜在相似性

意象具有变动性。心理学家曾做过一个实验来探索意象的变动性。实验人员先向被试人员展示一个图形，然后再给出两个词让被试人员来描述这一图形，如图3-43所示。接着要求被试人员记住图形，并要求根据记忆画出这个图形。结果所画图形明显受到给定词语概念的暗示而被"歪曲"了：被给出"眼镜"一词的被试人员将这个图形画成了眼镜状；而被给出"哑铃"一词的则画成哑铃状。这个实验说明了意象不像知觉那样稳定，它很容易变动。正是意象的这种变动性给创新创意提供了广阔的活动空间，使创造者从刻板的复制中解放出来，进入一种广阔的创造天地——对意象的再塑造。毕加索在

眼镜　哑铃

图3-43　图形意象

图3-44　《画家和模特》草图/毕加索（西班牙）

作品《画家和模特》的草图中描绘了自己对着玛丽·沃尔特画素描的场景，值得注意的是，画面上的线条更多的是作者头脑中意象的表现，而不是对模特形象的直接描写（图3-44）。

---

❶ [美]J. R. Anderson . Cognitive Psychology and Its Implication . New York: Freeman，1985：95 .

（3）创意是意象的解构

美国心理学家阿瑞提（Silvano Arieti）在《创造的秘密》一书中指出："意象具有把不在场事物再现出来的功能，但也具有产生从未存在的事物形象的功能——至少在它最早的初步形态中是如此。通过心理上的再现去占有一个不在场的事物，这可以在两个方面获得愿望的满足。它不仅可以满足一种渴望而不可得的追求，而且还可以成为通往创造力的出发点。"他接着写道："如果意象再现了那些实际存在而不可得到的事物形象，就可以促使人去行动、探求、找到那个渴求获得的事物；如果这种事物实际上并不存在，就会促使人去创造它；如果既不能找到它也不能创造它，人就会在白日梦中去幻想它。"❶

人们已有的心灵意象是进行创意设计的基础，内心意象越丰富，创意构思素材就越多，设计的可能性就越多，因此对于设计人员而言需要通过各种途径丰富自身的内心意象，通常可以从自然事物、人类已有的文明成果当中去获取灵感。

3.3.2　潜在的相似

意象的变动性不仅意味着意象自身可以得到改造，还可以在不同的环境和关系中转换成新的东西，而这种转换的关键步骤是能发现两种意象之间潜在的相似。

潜在的相似一旦被发现，就可以用多种方式加以描述。比如在文学中，潜在的相似可以通过比喻转换成新的东西。我们会把竹编或者剪纸喻为"民间艺术的奇葩"。按常理，花和民间艺术无论是在性质还是在形态上毫无相似之处，但潜藏在两个词后面的情感存在相似之处。花朵的美丽和民间艺术的绚丽在某种程度上给人以相似之感，这种相似性通过抽象和比喻联系在一起。

在科技发现中同样存在这种抽象的联系，交流电机的发明过程就是一个例子。尼古拉·特斯拉（Nikola Tesla）花费了多年时间研究发明交流电机，但进展缓慢。一次，他与一位朋友在日落时分漫步。落日的余晖使特斯拉想起了一首诗来："余晖褪尽，辛劳的一天结束了，在那匆忙的一边，新的生命正在延续，啊，没有飞翼能够把我带离这片土壤，只有循着它的轨迹，去飞翔。"这首诗描绘了一幅优美的田园风景图，表达的是一个人环绕世界旅行，希望能够持续看到太阳的心境。特斯拉从这幅图中意识到了某种相似之处，在电机的电枢（电机的旋转部件）上，各点就受到了磁力的吸引，而磁力则超前于电枢进行旋转运动。这种落日的比拟启发了特斯拉，使他意识到电机的磁场也应该在电机内部保持旋转，就像从我们的角度看，太阳是围绕着地球在旋转一样。他本来就已经知道了如何通过交流电创造出一个旋转的磁场。因此，在他的脑子里，立即生成了一幅视觉画面，就是交流电机的最基本的设计方案。

❶ [美]S.阿瑞提．创造的秘密[M]．钱岗南，译．沈阳：辽宁人民出版社，1987：64．

Chapter 03

模拟生物的某个结构设计剪刀

① 从互联网、图书中寻找鸟类嘴形与食物关系资料，对此展开研究。
② 模拟生物的某种结构、功能、形态进行剪刀设计。
③ 根据自己的手形设计制作剪刀模型。
④ 制作一份设计说明书（图3-45、图3-46）。

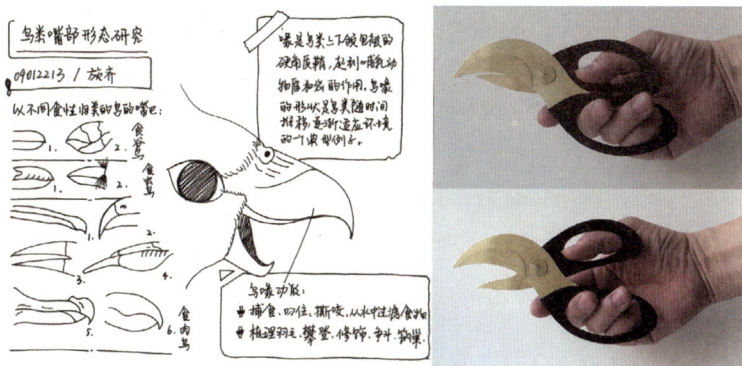

图3-45　仿生剪刀/施齐

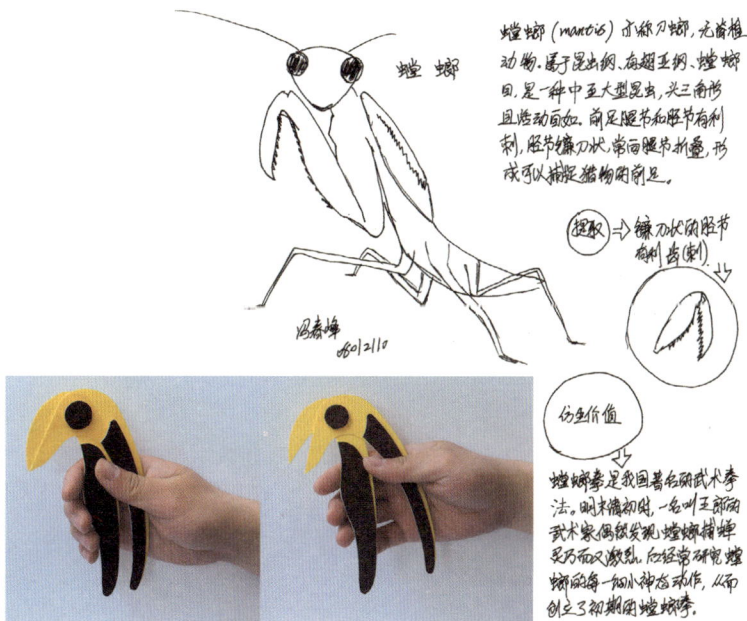

图3-46　仿生剪刀/冯春峰

63

3.3.3 生物解构和榫卯解构

意象解构是有挑战性的课题，既要有一定的工程结构基础，具备一定的逻辑思维能力，又要具有较好的形象思维能力和动手能力。"生物解构"和"榫卯解构"课题重点探讨构造设计，一是师法自然，通过研究自然界自然进化出的生物构造，发现其中的奥秘，在构造模仿的基础上进行再设计；二是向传统学习，在了解并且探索传统榫卯结构的基础上进行解构设计。

课题 7 生物解构

① 根据视觉笔记中的形象资料制作一个生物意象模型。

② 抽象表达生物某种特征或状态（抓、握、叼、咬、逃跑、追踪、注视、瞭望、惊恐、翱翔等），以此为基础进行解构。

③ 结合材料、工艺和功能的要求进行再设计，最后应用适当的材料设计制作一个生物意象模型。这里的模型不是生物标本，要求对资料进行充分研究和提炼后，进行设计再现和一定程度的创新。

设计步骤：

① 运用描摹的方式将生物体中某些具有功能性的生物形态、结构或特征记录下来，分析其功能、结构及形态间的关系。

② 对生物结构特征进行解构分析，根据功能目的要求对生物结构进行再设计，使之符合功能目的和材料工艺要求。

③ 选择适当的材料，构思恰当的连接固定方式，对生物结构特征进行实物再现，并制作出实物模型，如图3-47、图3-48所示。

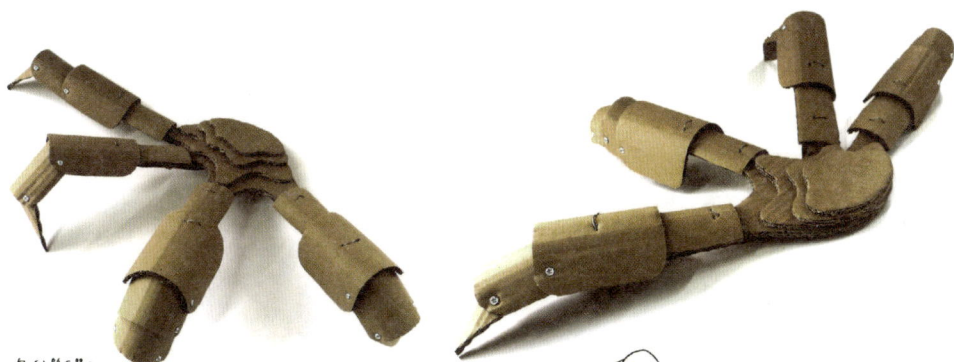

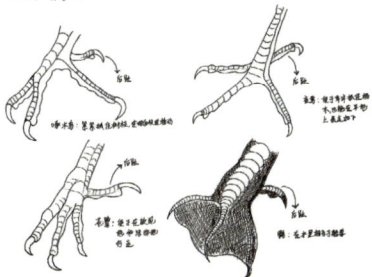

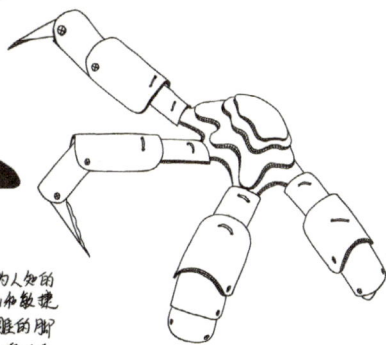

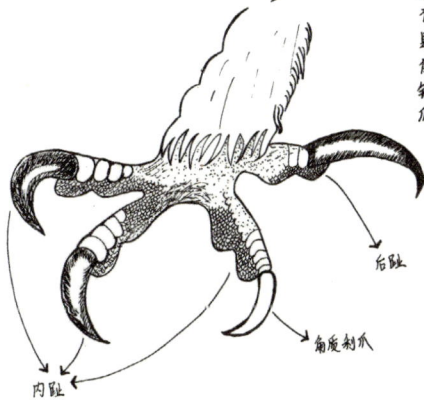

金雕，是北半球一种广为人知的猛禽，以其矫健的外观和敏捷有力的飞行而著称。金雕的脚是三趾向前，一趾朝后，使其更有力地抓捕猎物。趾上都长着锐如钢钩般的又粗又长的角质利爪，内趾和后趾上的爪更为锐利。

材料：瓦楞纸、螺丝、细铁丝

方法：利用螺丝和细铁丝对切割成形的瓦楞纸进行辅助固定。

目的：通过结构解剖的方式研究金雕利爪的结构特征

图3-47　"抓"的解构/张素荣

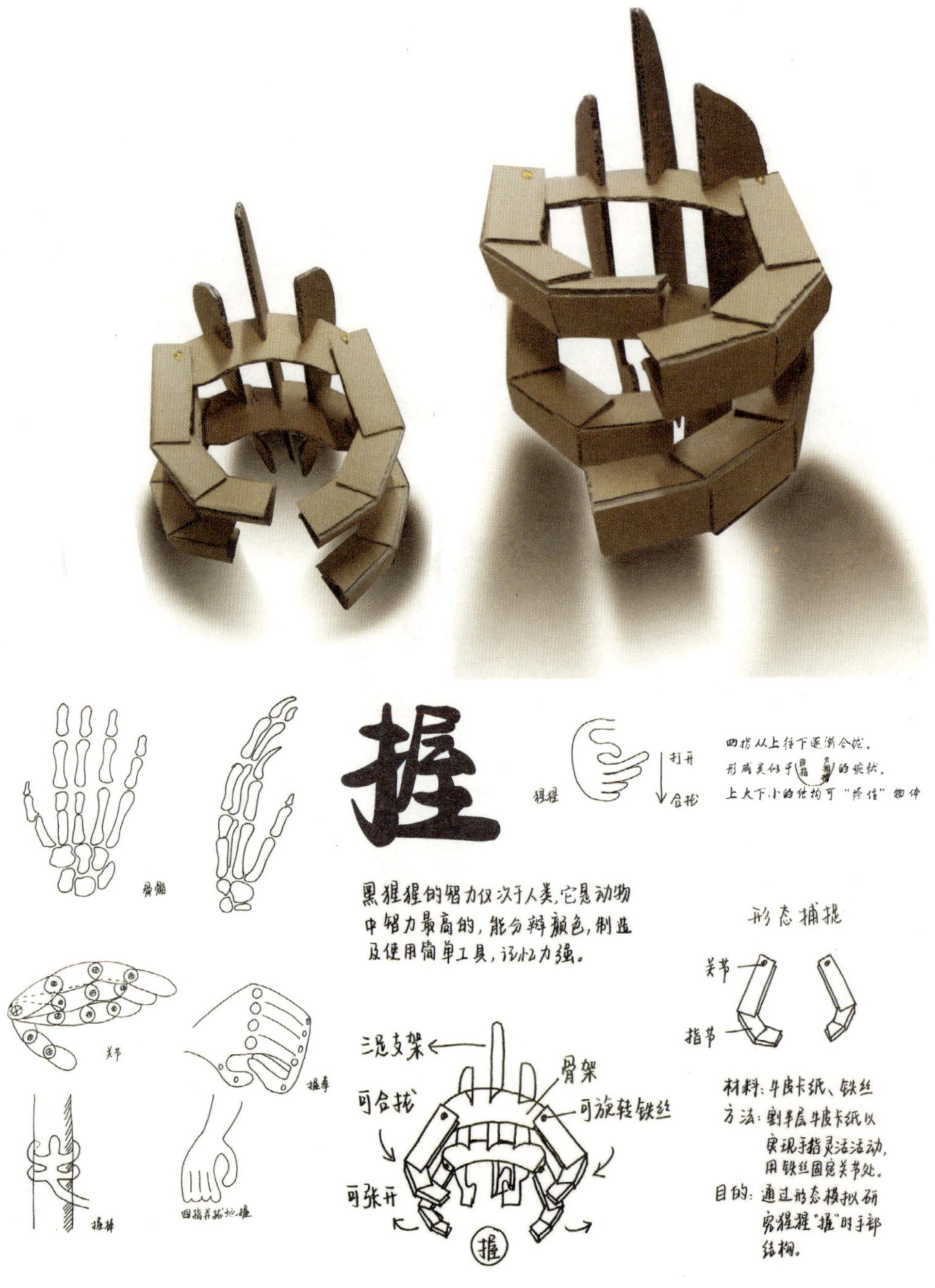
握
猩猩
打开
合拢
四指从上往下逐渐合拢，
形成类似于 四指 大拇指 的状状，
上大下小的结构可“握住”物体
骨骼
黑猩猩的智力仅次于人类，它是动物中智力最高的，能分辨颜色，制造及使用简单工具，记忆力强。
形态捕捉
关节
指节
三思支架
骨架
可合拢
可旋转铁丝
可张开
握
握拳
四指并拢地握
材料：牛皮卡纸、铁丝
方法：割半层牛皮卡纸以实现手指灵活活动，用铁丝固定关节处。
目的：通过形态模拟研究猩猩“握”时手部结构。

图3-48　“握”的解构/楼艺

課題
8

榫卯解构

在网上、图书中收集中国传统家具榫卯结构资料，以图解的形式摹写于速写本上，选择一两种结构形式，通过解构的方式打散原有结构形式，并结合新的形式进行设计改进，对榫卯结构进行重构，从而获得新的形式和功能。

设计步骤：

①榫卯结构解析。运用速写的方式对榫卯结构进行拆解，分析其功能结构特点。

②结构再设计。根据功能目的要求对榫卯结构进行再设计，使之符合相应功能目的和材料工艺要求（图3-49、图3-50）。

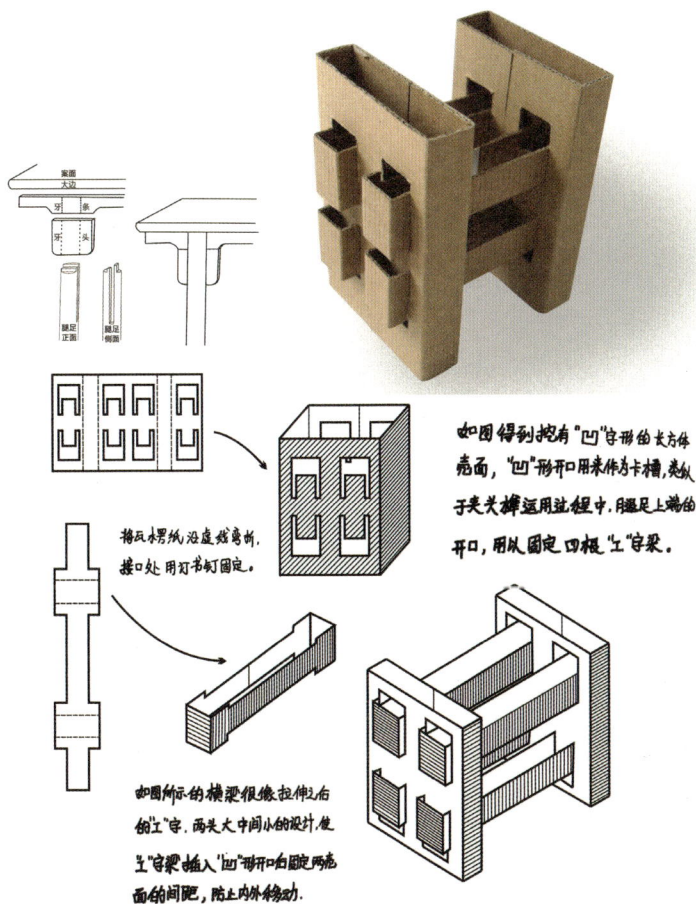

如图得到拥有"凹"字形的长方体壳面，"凹"形开口用来作为卡槽，类似于夹关榫运用过程中，腿足上端的开口，用以固定四根"工"字梁。

揭瓦楞纸沿虚线弯折，接口处用订书钉固定。

如图所示的横梁很像拉伸过右的"工"字，两关大中间小的设计，使"工"字梁插入"凹"册开口的固定两壳面的间距，防止内外移动。

扫码下载
实训活页

图3-49　榫卯解构与设计/潘晓婷

单体结构：
上下交错开口的长条瓦楞纸三张，
上、下单独开口的长条瓦楞纸各一张。

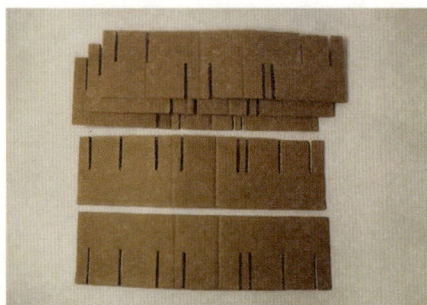

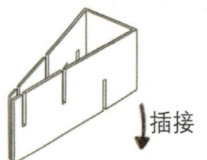

插接

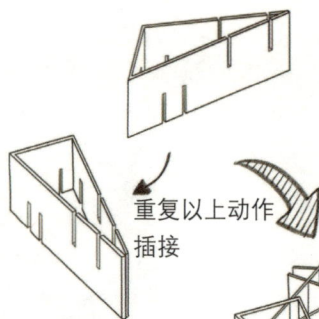

重复以上动作
插接

＋

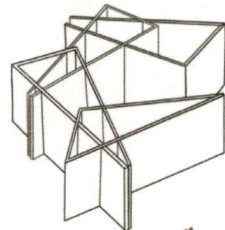

＋

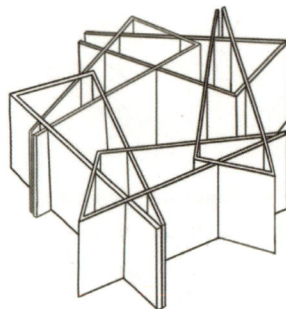

图3-50　榫卯解构与设计/赖雨昕

③模型制作。选择恰当的材料，重新构思榫卯结构的连接方式，并制作出实物模型，如图3-51、图3-52所示。

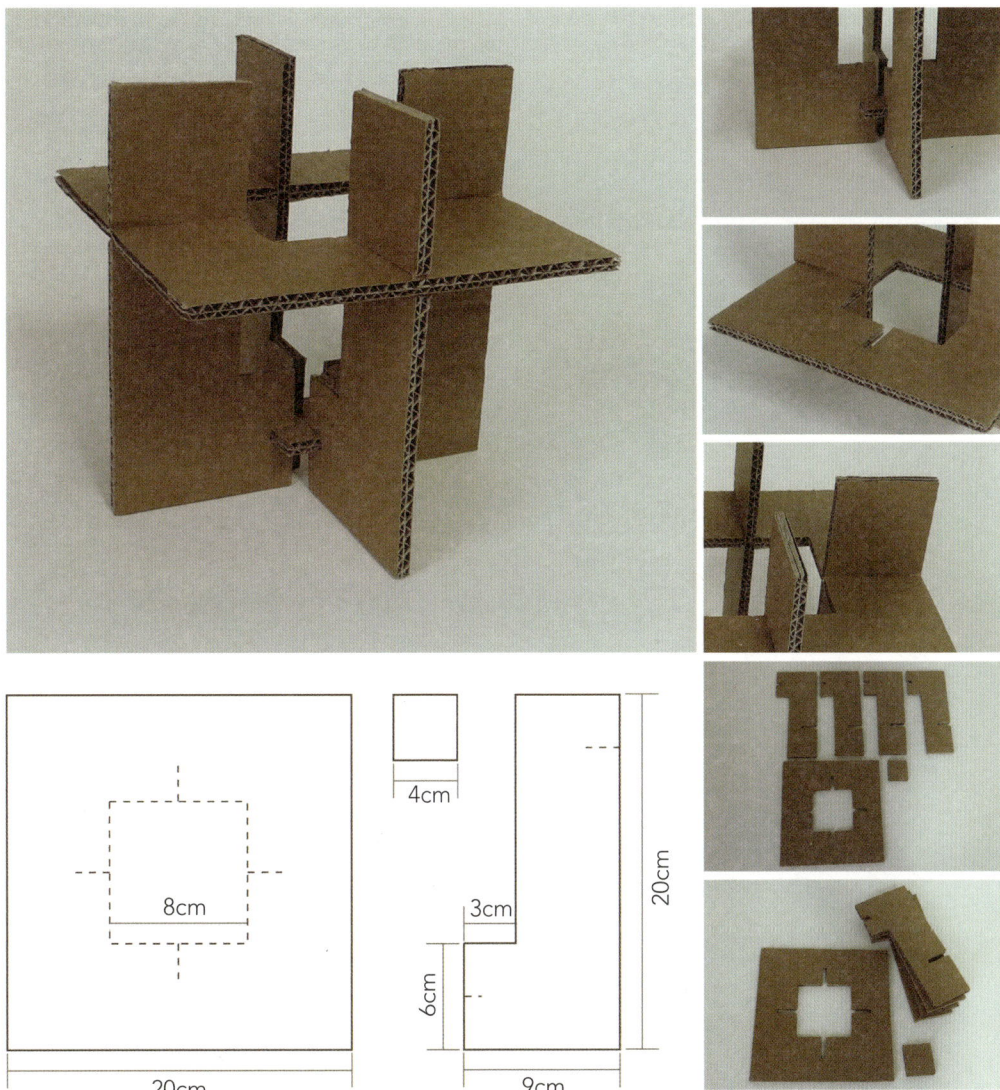

图3-51 榫卯解构与设计/翁岚

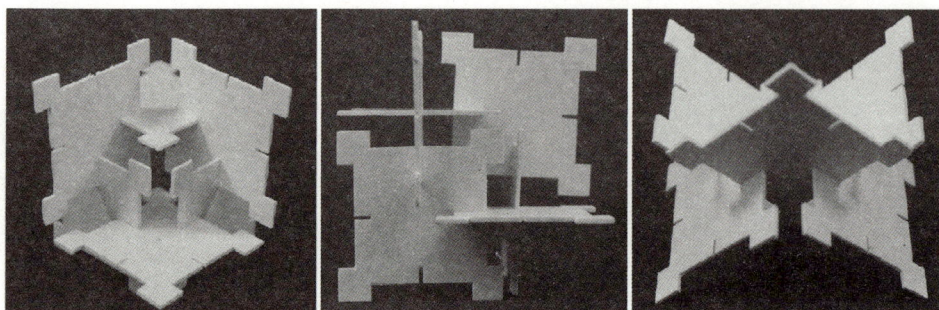

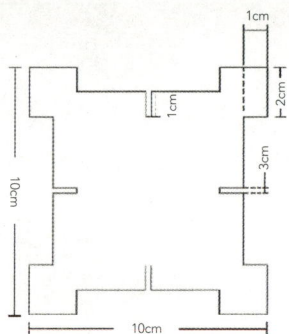

单片结构

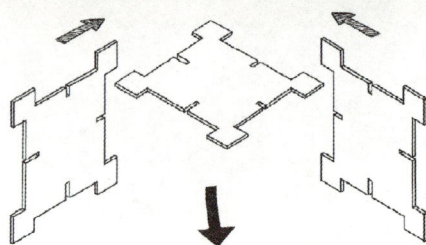

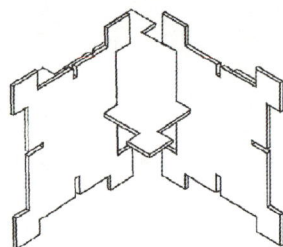

重复以上动作得到下部结构进行插接

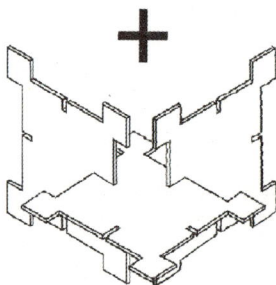

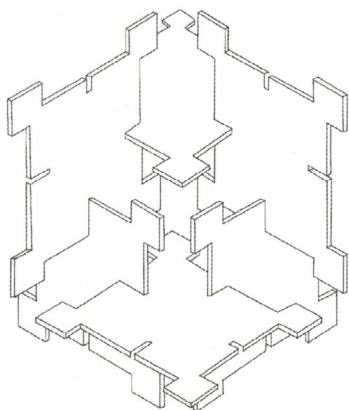

图3-52　榫卯解构与设计/吴煜曦

Chapter 04

设计思维
——设计研究的方法

知识目标

掌握设计思维、设计研究的图解方法和工具；

掌握概念设计的一般方法和基本流程；

掌握设计材料知识和构造知识；

掌握实物原型制作、测试和迭代的方法。

技能目标

具备设计思维的可视化表达能力；

具备课题设计中的调研、分析、验证能力；

具备运用材料和构造知识优化设计的能力；

具备将概念设计转化为实物原型的动手能力。

素质目标

培养善于观察、勤于思考、勇于实践的意识和习惯；

践行设计为民，关爱社会民生的核心价值理念；

培养善于发现问题、解决问题的"钉钉子精神""老虎钳精神"。

4.1 思考视觉化

思考视觉化是通过徒手画或制作模型实物将设计思维呈现出来。需要澄清一个误解：图解需要画画天赋。其实图解仅仅是一种表达方式，这种表达可以借助绘画手段，而不是依赖。图解与绘画的不同在于：前者是与酝酿构思有关的设想形成的过程，后者则是将完整的设想展示的过程。图解是视觉的自我对话，而绘画艺术更多的是视觉的对外交流。

4.1.1 图解思考

用图解扩展思维和用图画交流想法常常容易混淆。图解构想先于图画交流，图解思考有助于发展值得交流的形象方案，因为思维流动得很快，所以构想常常是徒手画的，靠印象快速完成的。由于同他人交流需要表达清楚，所以图画交流需要正式、明确，且费时。仅仅强调图画交流而不考虑图解构想的教育，会不知不觉地妨碍视觉思维。"构想"，或者说"想法"是思维的结果。"想法是感觉、想象和思维的内在构造物。"把感觉和想象记录下来可以借助文字和图解，而后者能直观地表达出来。因为图解是对人脑思维过程的模拟，是对视觉思维的加工——把复杂的东西简单化、抽象的东西具体化、无形的东西有形化。无论是理解对象、记忆信息，还是解决问题，图解构想都比文字表达有明显的优势。图解可以通过图形、图像、图表、关键词，把思考过程呈现出来，帮助我们分析、理解、沟通，从而开辟更多更好的思路。所以说图解是视觉思维的一种工具。

对于思维工具，文艺复兴时代巨匠达·芬奇运用得极为出色。现存的达·芬奇手记生动地展现了大师运用创造性思维创作的过程和成果（图4-1）。对于这些图文并茂的资料，后人一方面为作者丰富的想象力和预见力所折服，另一方面又对手记中图解草稿的模糊性、不确定性迷惑不解。其实这正是创造性思维过程的特征。随着思考者的情感、所在环境、角度的变化，记录思维过程的图解不断地在刺激思维，从而产生新的联系和成果。不要以为善于形象思维的艺术家对此情

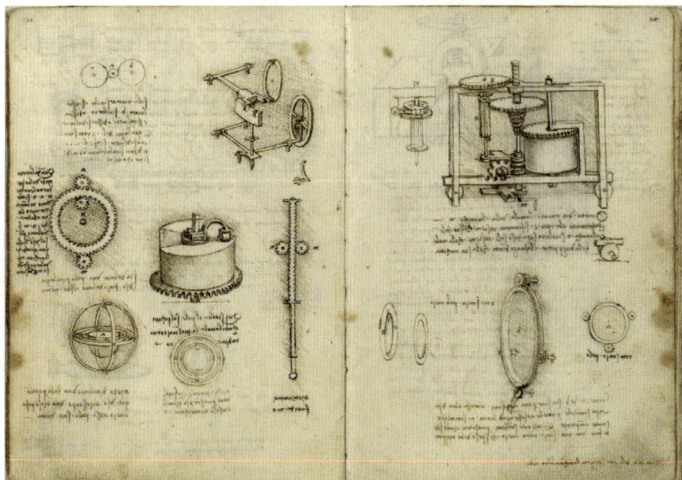

图4-1　达·芬奇手记

有独钟，科学家也是这方面的高手。生物学家达尔文也是采用图解笔记的方式记录、分析和整理物种资料，最终完成《物种起源》巨著的。

图解思考是一种表达形式、一种工具、一种语言。其作用是记录、研究和交流，也用于记录思维过程和辅助思考。思考者要不断地记录下自己的点滴构思，可以是视觉上的，也可以是只言片语，只要是与思考目标相关联的，不管用什么手段记录下来都可以。草图或者模型在某种程度上都是"凝固"思维成果的过程。笛卡尔早就说过，没有图形就没有思考。数学家斯蒂恩则认为，如果一个特定的问题可以转化为一个图像，那么就整体地把握了问题，并且能创造性地思索问题的解法。所以，一张充满灵感的图解将有力地推动创新思路的发展（图4-2）。图解还可以将复杂因素转化为概念要素，并用一目了然的方式表达出来。直观的图解形式便于加深理解、增强记忆。与文字传达不同的是，图解不需要通过抽象理解等复杂过程就能明晰记录。归纳起来，图解的功能有：a. 使构想一目了然，促使构想具体化；b. 使构想生动灵活；c. 使构想具有逻辑性。

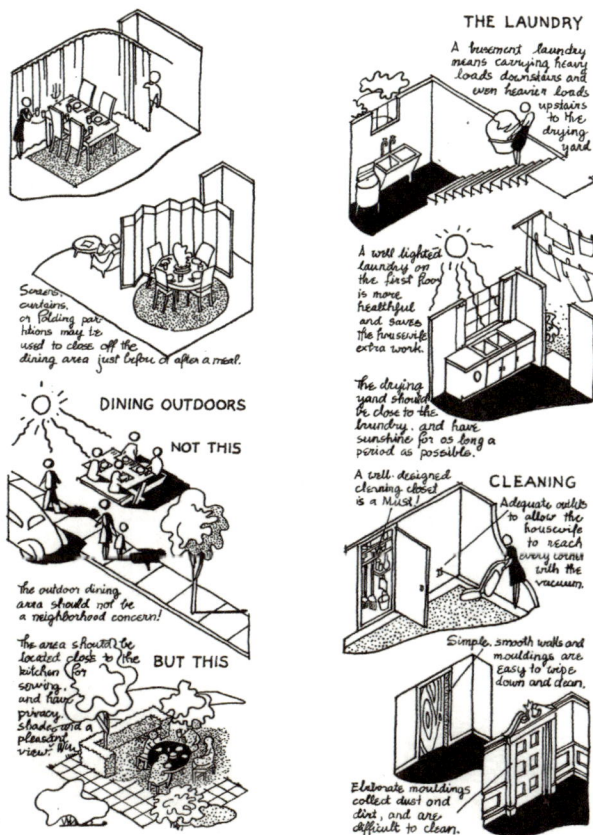

图4-2　建筑室内外家具功能分析图/资料来源：赵喜伦《国外建筑钢笔徒手画精选》，
中国建材工业出版社，2004

4.1.2 视觉化工具

"边想边画""边想边做"是设计思维的重要特征。徒手画、原型和文字是表达和记录设计思维成果的工具，是对人潜意识层面的信息的反映，能在动手过程中，用模糊的形象对鲜活的思维源流进行记录。徒手画、原型和简要的文字说明都是思维图像二维或三维的呈现，我们统称为"图解"。进一步讲，图解可以起到记忆无法起到的作用，即使有最卓越的想象力的人也不能通过记忆将一些意象并在一起进行对比，而人们却可以对草图加以比较。图解工具有很多，主要包括草图、流程图、思维导图、矩阵图、坐标图、模型或原型等。

（1）草图

草图是一种常用工具，画家、设计师、导演都是这方面的高手，其实科学家、工程师也常用。本书要讨论的是非专业人员，尤其是学生怎样借助这个工具来开发思维。草图有一个形象的叫法——徒手画，对应英语词汇——free hand。其实在构思草图过程中最令人着迷的是free mind——思绪飞扬的状态，当人的思维能量真正得到释放，才会产生新的想法。把想法记录下来的"草图"有两种类型：探索性草图和开发性草图，两者分别代表着草图的两端。探索性草图在构思中，用于提出概念，然后不断地选择、界定、比较、重组概念，也称为概念性草图，通过对概念抽象和具体因素的探索，尝试性地画出图形以帮助深化概念；开发性草图往往是已经有一个成熟的想法，借助草图，探索产品尺度、构造、功能以及人机关系等的多种可行性，便于研究交流。如以"环保袋课题"为例，图4-3所示作品的作者在思考一次性塑料袋带来的问题时，运用了视觉思维工具——联想和图解：植

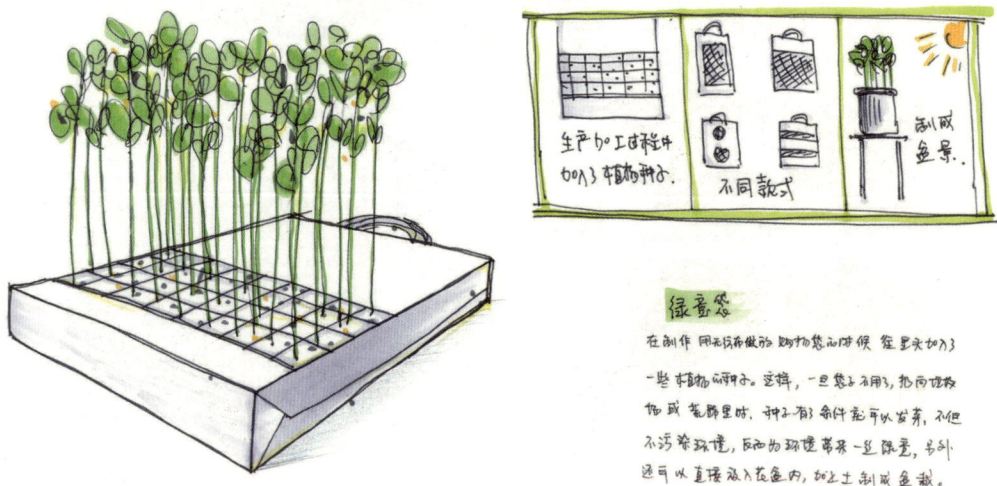

图4-3　环保袋构想草图/刘文伟

物的果子往往形态诱人、味道甜美，其中的生物学含义是，"引诱"动物食用后能把果子内部的种子"携带"到较远的地方生根发芽。作者把"种子"和"购物袋"这两个概念组合，形成了"种子环保袋"，并用草图把头脑中的概念"视觉化"。这个草图仅仅表达了某种概念、思路，具体的结构、制作工艺、尺寸等因素有待于进一步深化。这类草图称为"探索性"草图。同样的课题，图4-4则是"开发性"草图。对一个考虑已久的概念，通过草图形式将使用方式、构造、功能等方面的各种可行性"视觉化"，便于进一步发展和交流。

图4-4　种子伞构想草图/江海波

（2）流程图

流程图用于对事物之间的相互关系和发展过程作可视化图解（图4-5）。每个过程或阶段用图形表示，可称之为节点，节点之间相连以示流动方向。下一个节点何去何从，取决于上一步的结果，典型做法是用"是"或"否"的逻辑分支加以判断。在构绘流程图时，要确定事物最基本的主次关系及走向。哪些是主要因素，相互关系如何，在流程中应该有一个怎样的顺序关系等，这些因素往往决定图解构想的走向和结果。流程图还可以用来对组织机构的构架作可视化描述和解释。流程图中的每个节点是一个功能区，根据流向关系串在一起。节点通常由一个关键词外加一个圆圈或方框等图形表示。节点本身所传达的含义有限，而把节点连接起来就会产生丰富的含义，这就是流程图作为思维工具的功能所在。

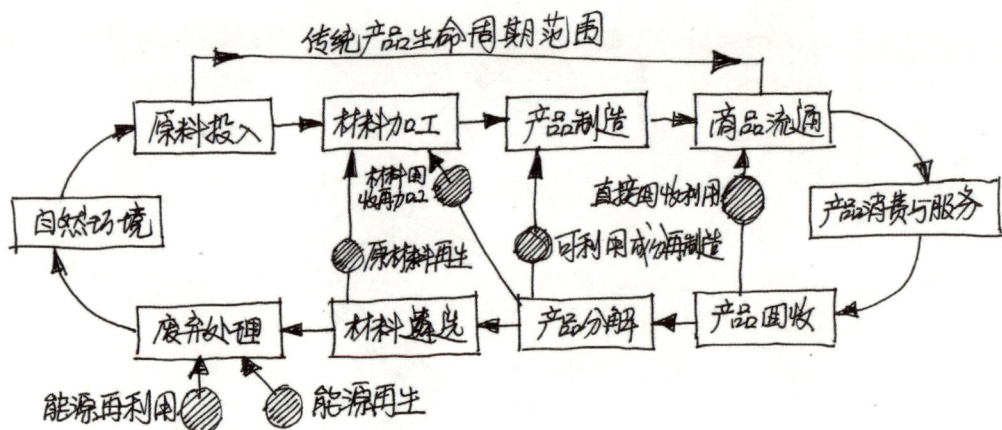

图4-5 绿色产品生命周期与环境关系图

（3）矩阵图

矩阵图主要用于从复杂的问题中找出成对的因素，然后根据图示来分析问题，确定问题的关键点，这是一个综合思考的图解工具。在各种问题中，将相关因素找出来并排列成行和列，其交点就是相关点，这样便于一目了然地找出存在的问题、问题的形态及解决问题的思路。

如图4-6所示的矩阵图，其成对因素往往是要着重分析的问题的两个侧面，一个因素的变化往往成为其他因素变化的原因，因此需要把所有因素都罗列出来，逐一分析具体现象与具体原因之间的关系，这些具体现象和原因分别构成矩阵图中的行元素和列元素。矩阵图最大的优点在于，寻找对应元素的交点很方便，而且不会遗漏，显示的对应元素的关系也很清楚。矩阵图还有一种更为普遍的形式就是图表，通常在时间、空间上表示事物或想法的抽象概念。表达事物的抽象概念时，通过图表可一目了然。如果我们在构思时，可以借助图表先纵横分解，后上下交错，就可以拓展思路，激发无限创意（图4-7）。

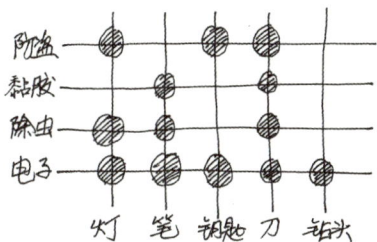

图4-6　搜索新产品概念的矩阵图

图4-7　产品设计矩阵图

（4）思维导图

思维导图由英国心理学家、教育家东尼·博赞（Tony Buzan）在20世纪60年代初期所创，是一种放射性思考的图解方法。放射性思考是人类大脑的自然思考方式，每一种进入大脑的资料，不论是感觉、记忆或是想法——包括文字、数字、符号、线条、色彩、意象等，都可以成为一个思考中心，并由中心向外发散出多条分支，每一个分支代表与中心议题的一个联结，而每一个联结又可以成为另一个议题，再向外发散出更多分支，这些分支联结实际上记录了思维发散的过程，形成一幅"思维地图（Mind Map）"。

图4-8所示的思维导图的议题是"我的大学目标"。运用思维导图展开对大学生活进行展望和规划，分别从"生活""学习""社交""娱乐"等几个方面展开畅想，每个方面

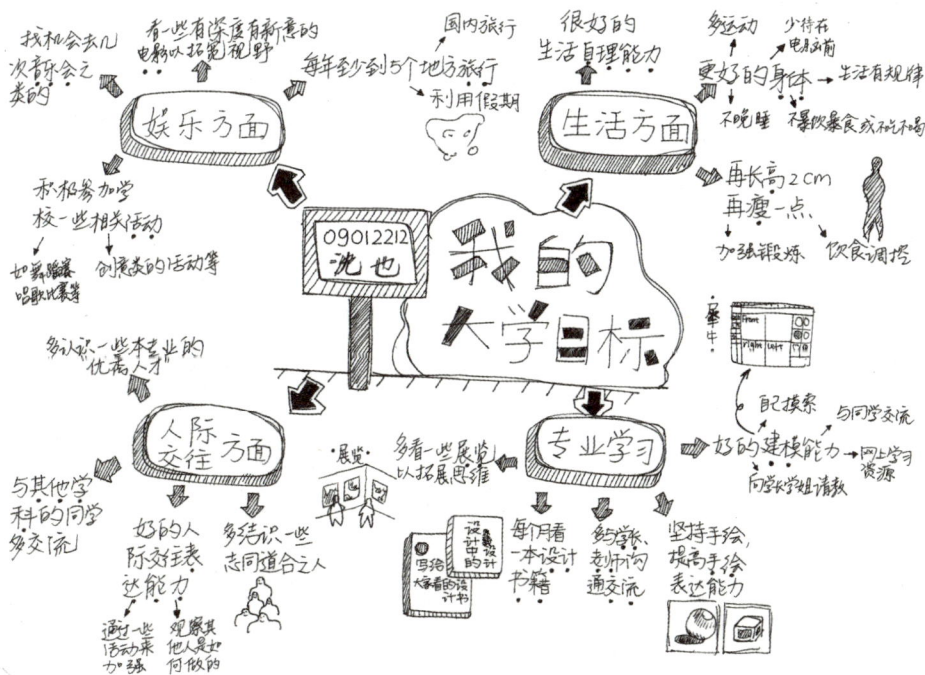

图4-8　我的大学目标/沈也

再细分出一些具体的指标和要求，通过一个形象化的构图将碎片化的想法变为条理清晰可见的图式。

（5）模型

前面介绍的图解工具都是平面的，其特点是可以快速表达。而模型则是立体的图解工具，优势在于通过视觉、触觉直接感受材料的特性、色彩、触感，进而来表达内心的想法，并且可以在制作过程中利用"真材实感"进行不断的思考和修改，甚至在不经意中发现新的点子，这在科学发现中也不乏先例。

模型的种类有概念模型、测试模型、工作模型、展示模型等，涉及的材料有木材、石材、塑料、金属、陶瓷等。作为图解思维工具的模型主要指概念模型——实际上是一种"立体草图"，即借助易加工、成型快、方便反复拆装和修改的材料，来构成简单的形体，为构思者在体量、构造、材质、空间尺度等方面提供直观判断。图4-9是以生物为意象的模型作业。模型最为重要的地方就是能够给予制作模型的人对物体和思想完全的控制——或者，反过来，它能够让制作模型的人知道哪里还缺少控制或理解。在学校里，模型可以用来掌握各个学科。比如，在数学课上制作模型可以强化对概念的理解。一个学生越早懂得每一个公式都有其物理的表现以及每一个物理现象都有其数学的模型，那么他就越有进行发明活动的能力。并且，肌肉感觉和视觉之间有着直接的联系，因此制作模型可以提高视觉思维能力。

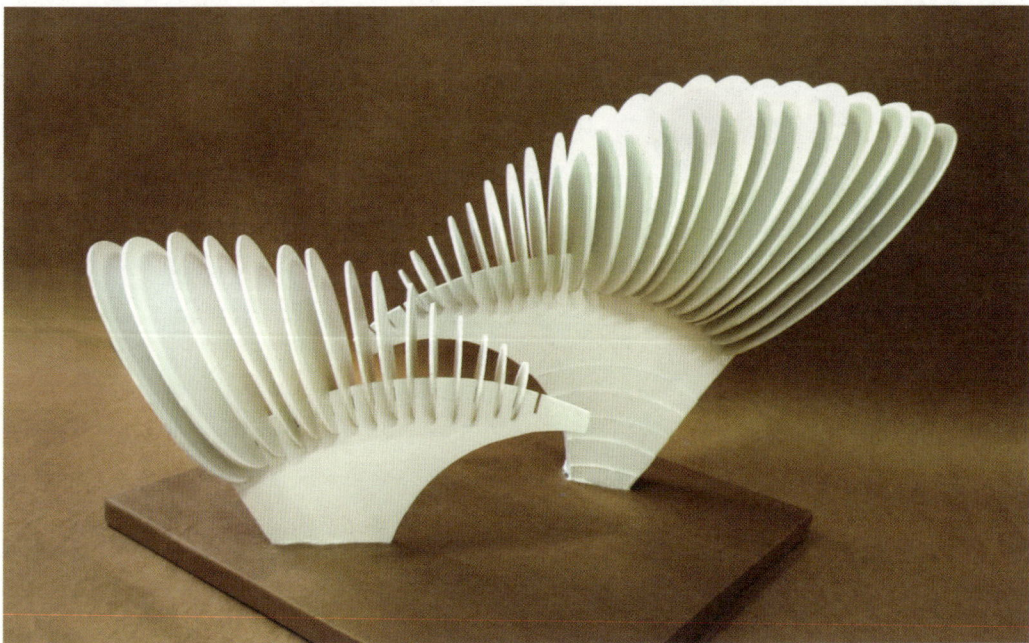

图4-9　生物意象模型/张渝敏/材料：模型板

课题 1　图解

① 突出重点。要尽量多地采用图像符号，尽量使用各种颜色或者通过层次的变化以及间隔的设置、线条的粗细等方式，突出构图重点。

② 发挥联想。围绕中心主题内容进行思考，画出各个层级或分支，尽可能地发散思维，引发联想，并使用各种色彩和符号——箭头、圆圈、三角、下划线等丰富表达手段。

③ 条理清晰。为了达到清晰明白的效果，各分支之间的关系要清晰明了、层次分明、书写工整，可使用各种结构形式进行表达，如直线型、树型、梯度型或放射型等，线条粗细有别，图形符号清楚，能够表达相应的含义。

设计步骤：

① 首先，设定一个课题，并围绕主题展开构思和联想。

② 使用一种主要的结构形式进行构图，分层级、有条理地进行图形化表达。

③ 围绕主题列出相关的分支内容，注意分支不能过于复杂，最好不要超过10个，并用不同粗细和色彩的连线、箭头、阴影在主题与分支之间表示相互的关系。

④ 在各分支下用简易的图形、符号、文字等进行图形化表达。

⑤ 最后，整理各个分支内容，寻找、调整它们之间的关系，用图形、颜色等符号强调重点。

图解选题：

①图解"概念"——设计思维、AI人工智能、低碳生活、物联网、网红、工匠精神。

②图解"程序"——新生报到、网络购物、公共自行车租用、考驾照。

③图解"架构"——家谱、图书馆、医疗机构、我的公司。

④图解"空间"——我的寝室、校园、我的家乡、杭州一日游。

⑤图解"想法"——一个奇思妙想、我的创业计划、向动物学什么。

⑥图解"关系"——人与自然、人际关系、中美关系。

⑦图解"构造"——学生宿舍床、鼠标、书包、人体。

图4-10～图4-15为图解范例。

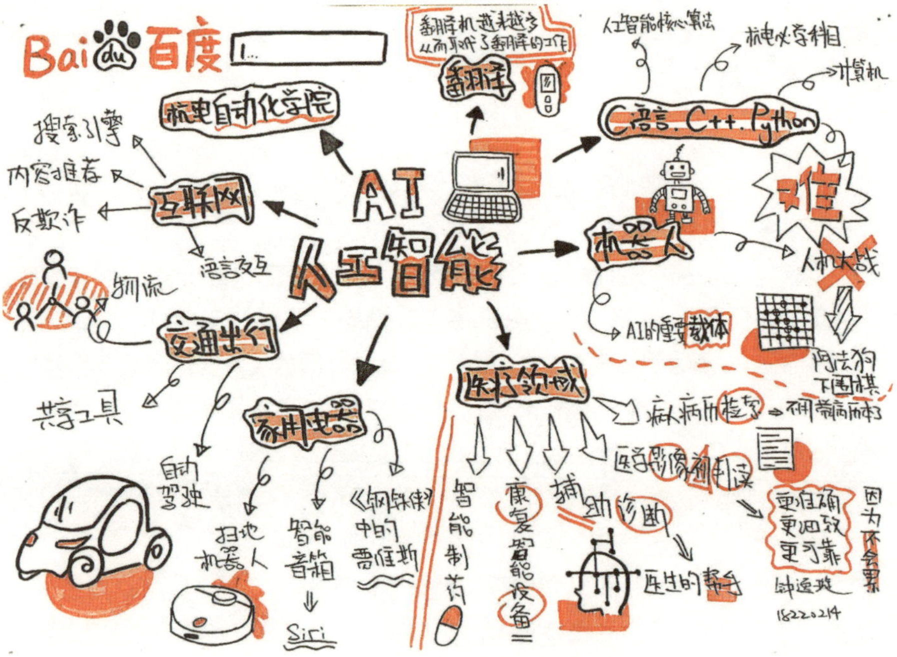

图4-10　AI人工智能/钟逸璇

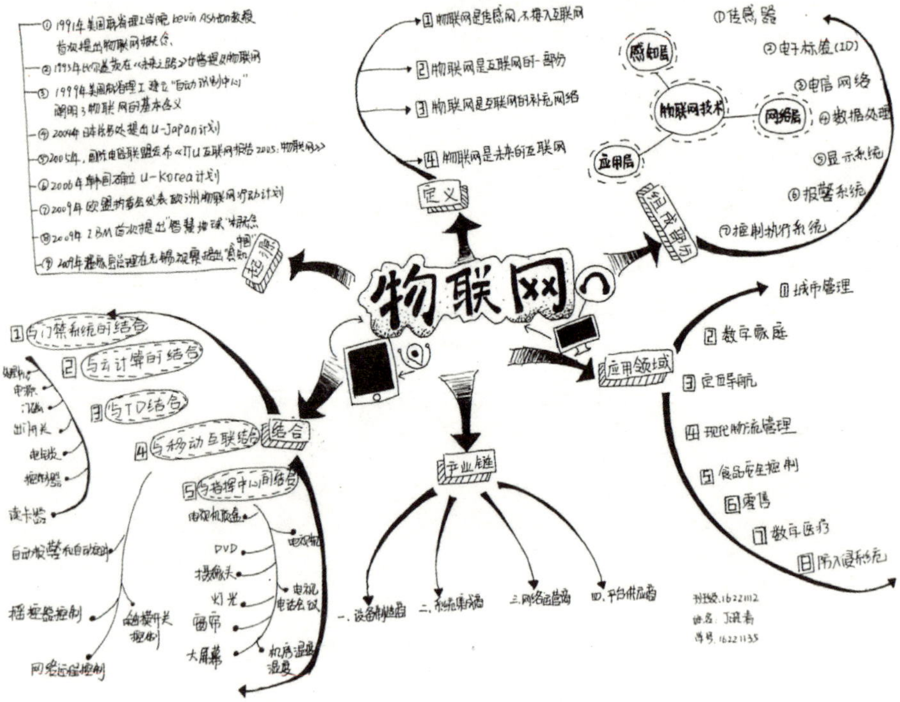

图4-11　物联网/丁晓清

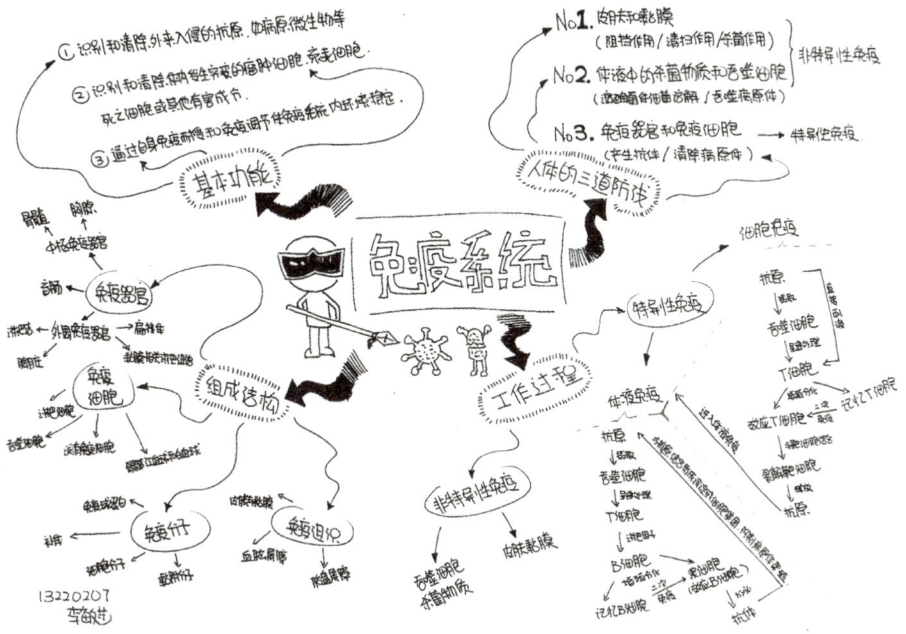

图4-12　免疫系统/李敏菡

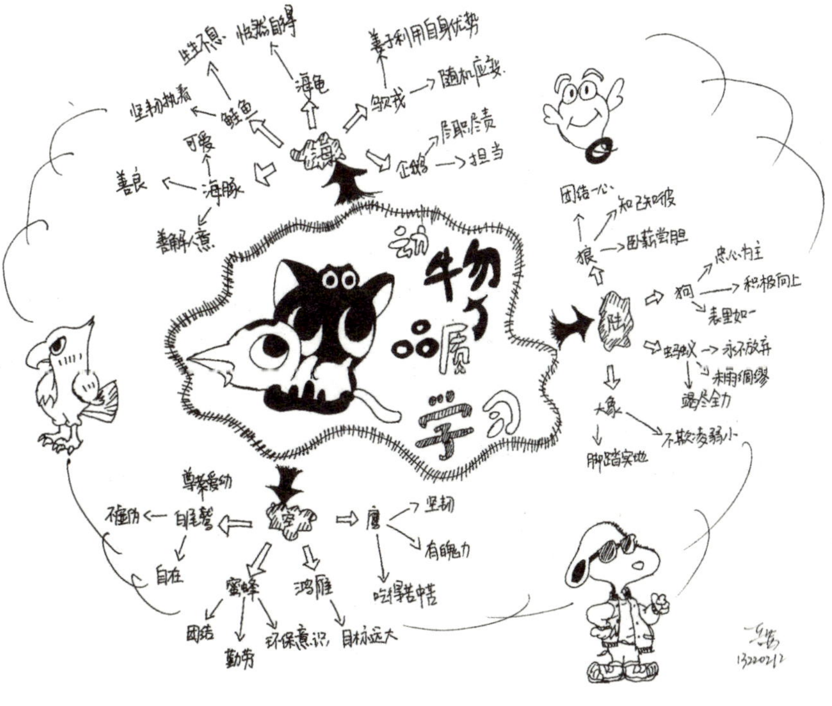

图4-13　向动物学什么/王茜

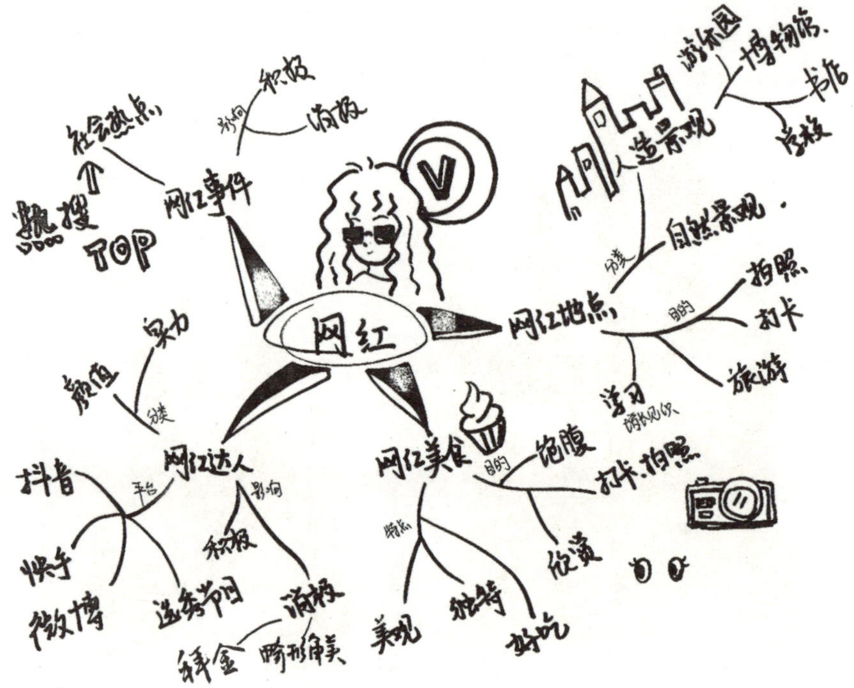

图4-14　网红/舒然

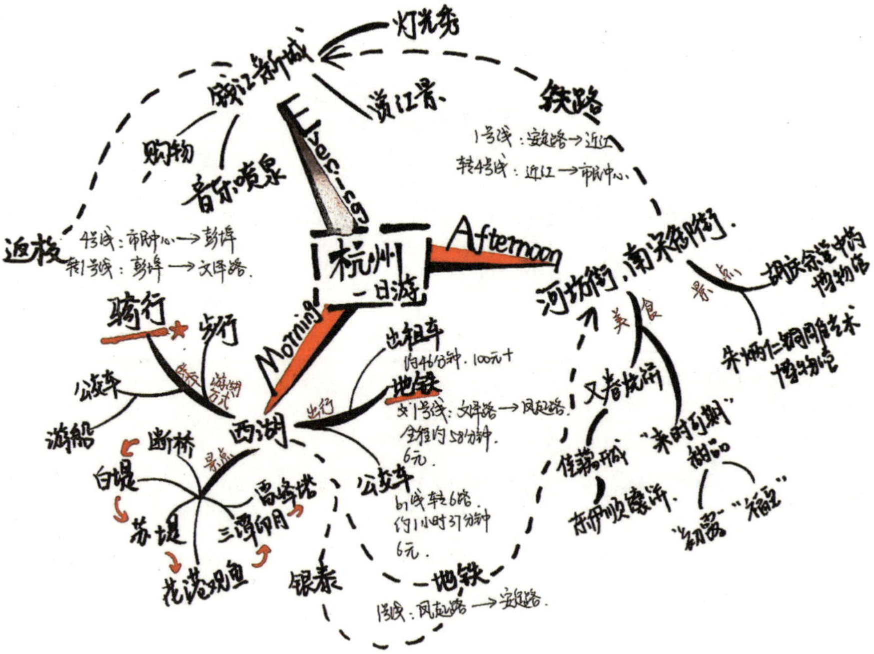

图4-15　杭州一日游/舒然

4.1.3　环保快递包装箱研究案例

（1）课题综述

方便、快捷、省时的网络购物已成为民众日常生活的一部分。但快递包装带来的物流污染的数字令人触目惊心：2015年全国快递业使用的胶带总长度为169亿米，可绕赤道425圈；2016年全国快递消耗快递运单约200亿张、编织袋约30亿条、塑料袋约82亿个、封套约30亿个、包装箱约99亿个、内部缓冲物约29亿个。这些数据意味着快递业快速增长的背后，是数以万吨的大量垃圾，可以想象我们的城市、乡村被垃圾包围的景象。

快递包装材料大多是不可降解的，随意丢弃已经给环境带来巨大危害，有的还带有一定的毒性。快递包装造成的浪费和污染已经成为严峻的社会问题。一面是快递包装的污染问题日益突显；另一面是快递包装快速增长的趋势。快递包装的污染问题能否用设计来解决？

（2）定义问题

① 价廉的包装物料使得消费者可以忽略成本，随意丢弃。
② 包装物上用户资料的泄露。
③ 商家和消费者应该为包装物的污染付出成本。
④ 废除一次性包装，多次使用的包装物成本可以分摊。
⑤ 政府要起到监管作用。

（3）设计概念

① 可重复使用。
② 模块化包装。
③ 折叠式包装。
④ 反复使用的周转箱。
⑤ 一物多用。

课题 2	环保概念的快递包装

以小组（3~5人）为单位进行研究设计。要求设计调研中除了资料查阅、网络调研等方式之外，还要针对用户及相关情境展开现场调研。设计构思和方案表达可以草图、效果图及实物模型相结合，并对设计结果作评估测试。

设计步骤：

①设计调研：对研究对象展开设计调研，运用问卷调查、访谈、观察、任务分析等调研方法，对用户展开深入调研，并对环境、现有产品及技术等作基本分析。从调研中发现问题，理清设计问题脉络和相互关系，找到潜在需求和创新可能。

②思维导图：结合前期调研结果，运用思维导图、情境故事法和头脑风暴法等方法展开设计构思。通过评审择优选择创意方案，运用草图、效果图或原型等方式展开进一步地深入设计，细化设计方案，明确设计细节。

③制作实物模型：首先绘制出产品各零部件的尺寸图，要求尺寸、形状和结构尽量准确，然后可以使用卡纸、瓦楞纸、陶泥或木材等易加工材料进行最终模型制作。

④版面：将草图、模型、设计说明、照片或效果图、使用情境等内容，以设计版面的方式进行展现，以充分说明设计创意及整体效果。A3版面，彩色打印（图4-16～图4-20）。

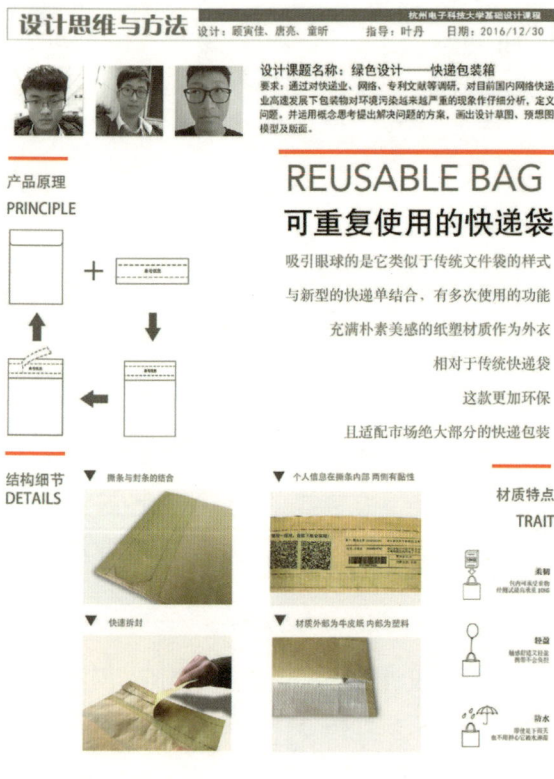

图4-16　可重复使用的快递袋/顾寅佳、唐亮、童昕

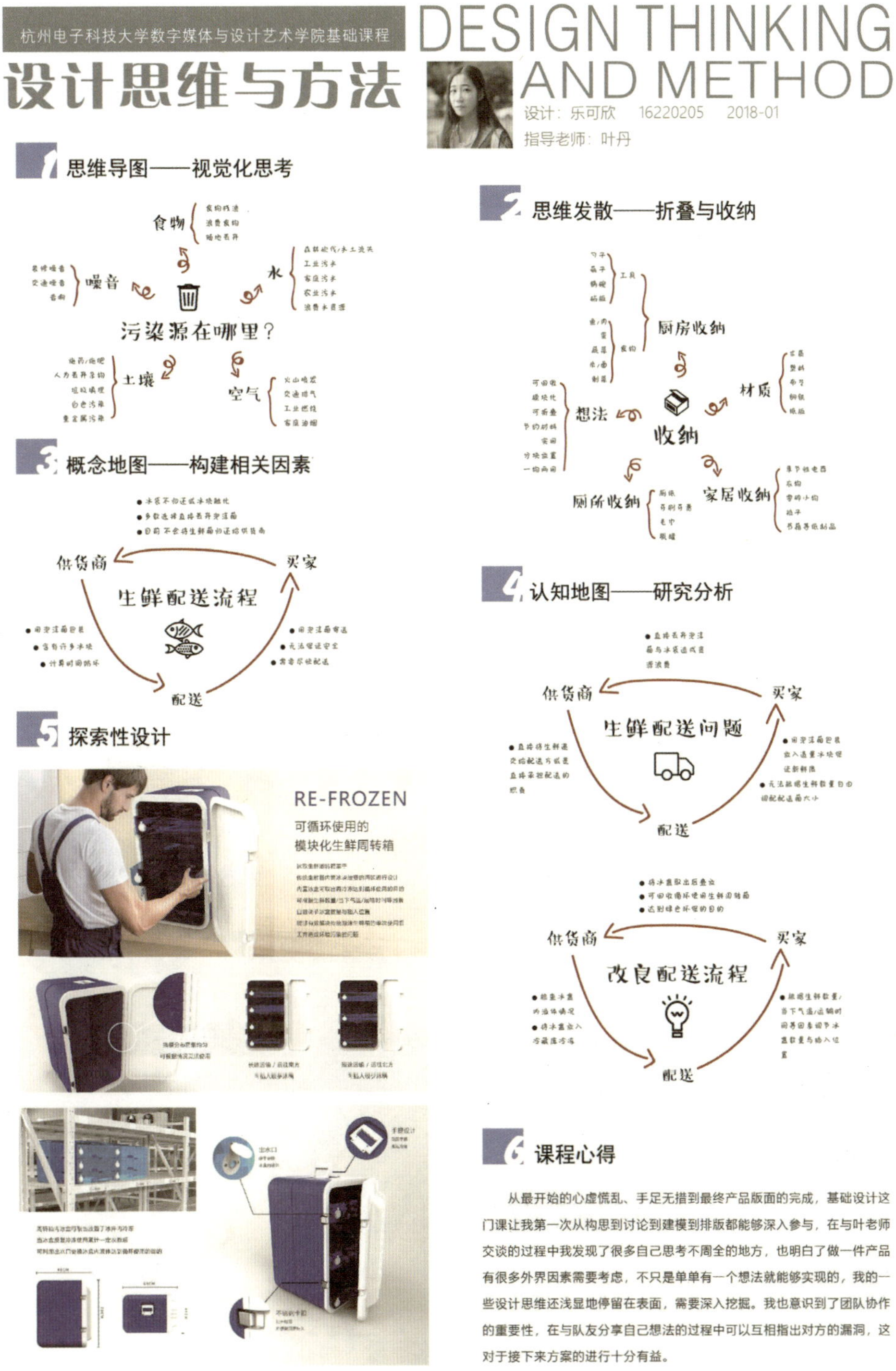

图4-17　冷冻食品周转箱设计研究地图/乐可欣

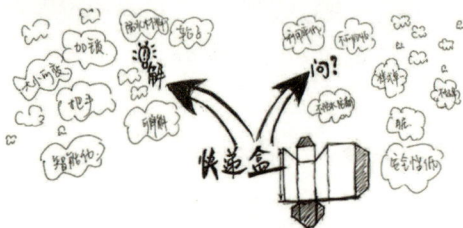

图4-18　可伸缩式模块化快递盒/任晓晶、邵梦培、刘昕

设计思维与方法

杭州电子科技大学基础设计课程

设计：戴夏怡、王楠、丁焱　指导：叶丹　日期：2016/12/30

设计课题名称：绿色设计——快递包装箱

要求：通过快递业、网络、专利文献等调研，对目前国内网络快递业流通发展下带来的包装物对环境的污染越来越严重现象作详细分析，定义问题，并运用概念思考提出解决问题的方案，画出设计草图，推想图、模型及效果。

调研 — 发现问题

现在市面上的快递包装盒均是瓦楞纸和塑料袋，且均为一次性使用产品。快递点废弃快递盒、塑料袋随意散弃。居民区随手丢弃的快递盒、塑料袋随处可见。瓦楞纸尚可回收利用，塑料袋作为难降解材料污染极大。

聚焦 — 头脑风暴

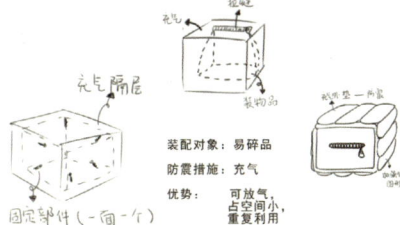

装配对象：易碎品
防震措施：充气
优势：可放空间小，占空间小，重复利用

模拟 — 科学建模

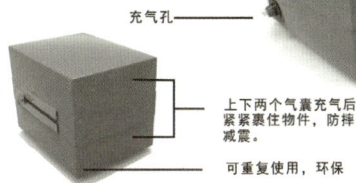

充气孔

上下两个气囊充气后紧紧裹住物件，防摔减震。

可重复使用，环保

实现 — 成品展示

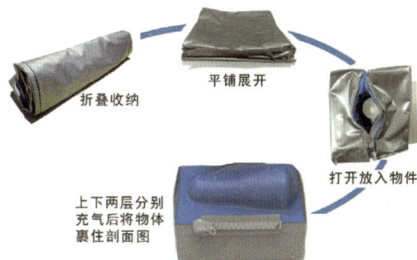

折叠收纳　平铺展开

打开放入物件

上下两层分别充气后将物体裹住剖面图

Air Box
重复使用的充气式快递盒

本款快递盒采用可降解的材质，能重复使用，环境友好，放气后可以卷起节约空间，完美解决市面上瓦楞纸和聚乙烯快递包装带来的资源浪费缺点。

双层气囊，防震抗压

从旁边的气嘴充气，两边的气囊鼓起，延展性良好的内胆可以将货物包裹起来。

拉链连接，便捷置物

拉链封口，不易磨损，拉开拉链将运送物品放入即可，不用放置填充泡沫，更环保。

充气放气，重复使用

通过气嘴充气放气，快递盒可以便捷地反复使用。不同于现在一次性的纸质快递盒，更加节约材料，成本也相对较低。

压缩卷起，灵活收纳

不使用时可卷起，节约空间，方便收纳以及快递公司的回收利用。

图4-19　重复使用的充气式快递盒/戴夏怡、王楠、丁焱

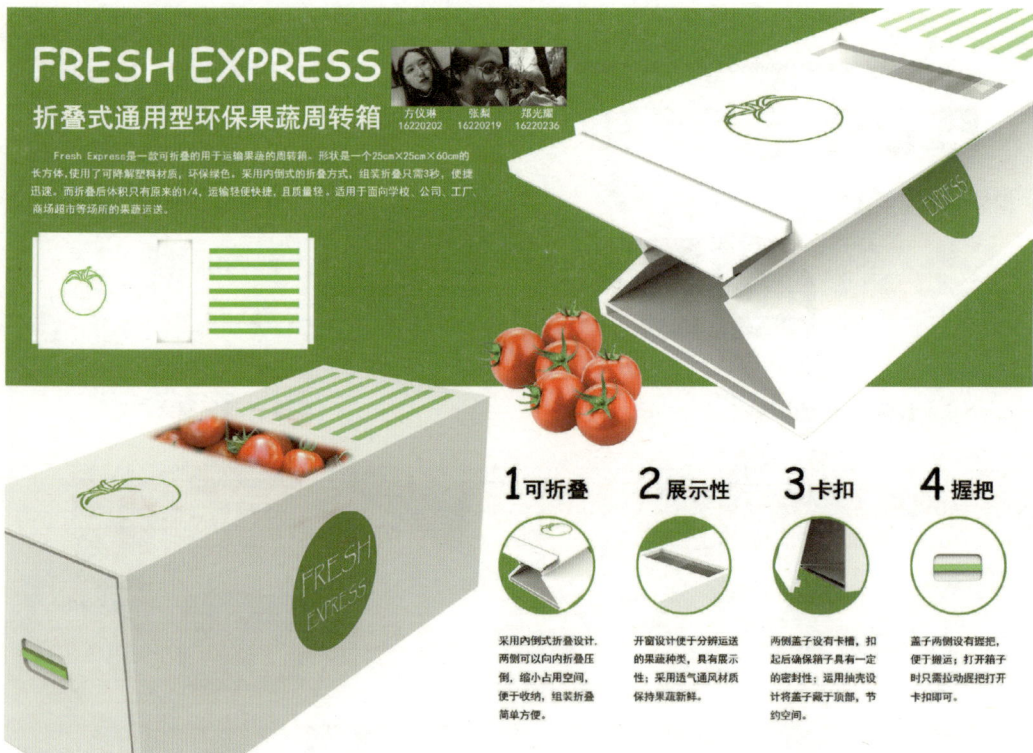

图4-20　折叠式通用型环保果蔬周转箱/方仪琳、张梨、郑光耀

4.2 | 概念设计 |

上节提到的"模块化""折叠式""一物多用"等就是设计的"概念"。那么，概念到底是什么？所谓"概念"，是反映对象本质属性的思维形式，它包含了一个等级中的每个成员共同具有的属性。比如"椅子"的概念是适用于所有椅子的一种观念。事物和属性是不可分离的，属性都是属于一定事物的属性，事物都是具有某些属性的事物。脱离具体事物的属性是不存在的，没有任何属性的事物也是不存在的。

4.2.1　概念思考

概念不仅涉及"是什么"，而且涉及"可能性"。举一个大家都知道的例子：早期的计算机需要用二进制编码形式写程序，这种形式既耗时又容易出错，更不符合人的习惯，大大限制了计算机的广泛应用。直到20世纪70年代末，"窗口""菜单"等概念引入计算机用户界面设计，才开启了个人计算机的蓬勃发展。"窗口""菜单"和"计算机操作"

在这以前是风马牛不相及的概念，正是通过概念重组形成新概念，这是"概念设计"的典范。所以说，涉及可能性的概念可以使想象超出现实世界，并激励人们去接近理想，人类最伟大的心理成果都是通过概念产生的。

在设计过程中会面临各种判断，最初的判断会在很大程度上影响最终的结果。判断的过程就是将现有概念重新组合，形成新概念的过程。用概念思考就是由概念形成命题，由命题进行推理和论证，这是逻辑思维的重要特征。但是，我们面对的是"有秩序""规范化"的现实世界，由人类自己产生的概念一方面使我们"井然有序"地生活，另一方面也束缚着人的思想，使已有的概念固定在相对应的事物上，所谓创意在很大程度上却是打破这种秩序，重新找出事物之间的"潜在相似"之处。面对纷乱的信息，在不同事物之间找到相同点，就要运用概念思维在看似不同的事物上找出相同的特征。我们不妨尝试一下，能否从下列三组词汇之间找出相同的特征。

a.乌鸦和松树；b.鸡蛋和西瓜；c.市长和小品演员。

乌鸦与松树之间外形尺寸上的巨大差别混淆了这样的事实：即它们都是生物体。一般说来，人们在发现第一个相似点之后就不再继续寻找其他相似之处了。鸡蛋和西瓜都是可以吃的食物，因此就隐藏了它们之间不够明显的共同点：它们都具有保护功能的坚硬外壳。市长与小品演员之间有什么共同点呢？他们都是有工作的人。我们思想中的自然趋势是注重差异，因此也就封闭了找寻共同点的能力。而这样的共同点其实正是概念。

概念形成的一般方式是：通过收集材料，找出材料之间的联系。这种联系常常建立在空间或时间上相互接近的基础上，所有汇集在一起的这些属性构成一个概念。比如说：a. 一个群体；b. 被婚姻、血缘的纽带联合起来；c. 以父母、兄弟姐妹的社会身份相互作用和交往；d. 创造一个共同的文化。这些属性就组成了"家庭"的概念。人们从旧的概念里发现或增加新的属性，就会继续不断地构成新的概念。

概念形成的另一种方式与前一种方法相反：主观意识到可以省略某些属性从而构成只包含某些基本属性的另一等级。比如，以前在一般人的概念中没有将"家用电器"作为一个等级来称呼的概念，只有电风扇、冰箱、洗衣机等具体名称。后来人们才把这类有共同属性特征的用品统称为"家电"。这个概念适用于所有包含这些属性的家电产品，其成员都具备这些属性：a.家用的；b.电器；c.电子产品。

美国心理学家阿瑞提在《创造的秘密》一书中指出："a. 概念给我们提供了一种或多或少的完整描述；b. 概念使我们可以去进行组织，因为各个不同的属性或组成部分表现出了一种合乎逻辑的内在联系；c. 概念使我们能进行预言，因为我们能推论一个概念当中的任何成员所发生的情况。随着时间进展，概念就越来越成了我们高水平的心理结构。" 比如，"家庭"的概念随着时代的发展不断有"新概念"产生。如"丁克"，亦即DINK，是英语Double incomes no kids的缩写，直译过来就是有双份的收入而没有孩子的家庭。"丁克族"的概念：比较好的学历背景；消费能力强，不用存钱给儿女；很少用厨房，不和柴米油盐打交道；经常外出度假；收入高于平均水平。如果在房地产开发中加入了这个概念，就成了"丁克房产"。只要在房产广告上打上这个概念，人们一下子就清楚了这种房型的特点，譬如说厨房小、客厅大等。

在日常生活中，我们要养成对所见所闻保持兴趣的习惯，并把注意力集中在有趣的概念上，这些概念就是那些看似不同的事物上所体现出的共同点。特别要注意在不同的场合看到的相同概念。从不同领域里识别出概念，增强运用概念进行设计思考的能力。譬如，对于"时间"概念，往往用"钟表"来衡量，人们在技术和形式上一直为描述精确的时间概念而不断创新。但是下面两个计时器方案却和"精确"一词少有关系，而是从概念上挖掘富有哲理的内涵，包括时光概念。

图4-21　时间片段

图4-21的作者在概念思考时提出究竟什么才是时间的确切含义。是12个片段，12种行为，12种情感，12种体验，12个值得怀念的记忆，还是12个已经逝去的时刻？作者决定设计一种衡量逝去时刻的感应式装置，引发人们对闲置时间的重视。它看上去像个蚊香，每一块单色的区间象征一段时间，提醒人们抓紧时间，每做一件事都有自己的时间，每个错过的区间就意味着所错过的机会。图4-22是一个名为"杯中的时间"的沙漏计时器，它以一种别具一格的方式计算时间。每当人们把瓶子颠倒后，都会真切地感到里面的物质在下泻的同时，时间也随之流逝。抽象的时间仅被使用它的人去理解：煮熟一个鸡蛋用两分钟的盐；沏好一壶茶用三分钟的砂糖；接听一个电话要用五分钟的咖啡豆……瓶子的两端都有开口，人们打开盖子就可以拿到里面的东西。

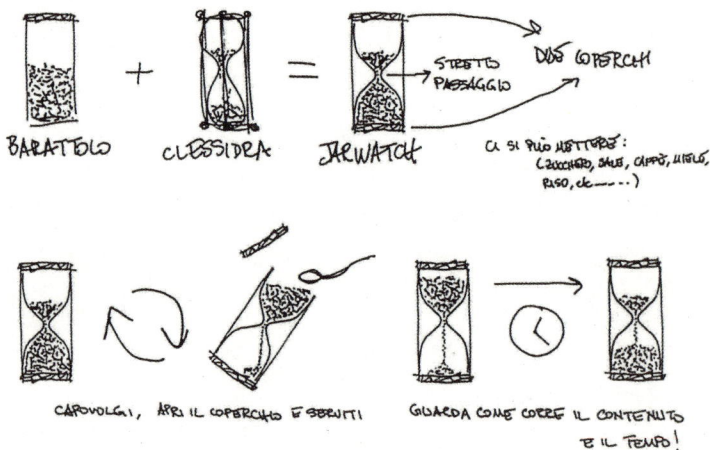

图4-22　杯中的时间

4.2.2　概念地图

概念地图是将知识元素按其内在关联构成的一种可视化语义网络，形式上和思维导图相似，但概念地图更注重概念之间的关联性，并揭示知识结构的细节变化。其构成形式包括节点、连线、连接词。节点表示概念，可用几何图形、图案等符号来表示。连接各节点的连线表示两个概念之间存在某种关系，连线可以是单向的、双向的或非方向的。连接词即连线上的文字，是节点之间关系的文字描述。概念和连线通过节点和连接词按顺序形成简单的命题（图4-23）。

在概念地图中，概念是用层级结构的方式来呈现的：最一般的概念置于地图的上端或中间，次一般和更具体的概念按等级排在其后。特殊知识领域的层级结构应根据知识应用或思考的情景而定。概念地图的另一个特征是交叉连接。交叉连接用于表示概念地图中概念之间的关系。总之，概念地图是用来图解各种观点是如何相互联系的，一般是先有概念名称，然后图解它们之间的关系。在确定与某一课题有关的概念后，可以通过沿着空间等级层次或时间先后顺序的维度创建思维模式。

钱学森在20世纪90年代花大量时间研究人类智慧，提出了"大成智慧学"的概念。他把文学、艺术、美学归为"性智"，把自然科学、数学、系统科学归为"量智"。集大成得智慧。他认为人的智慧有两大部分：量智和性智。缺一不成智慧！这就是大成智慧学。

什么是"量智"和"性智"呢？他认为现代科学技术体系中的数学科学、自然科学、系统科学、军事科学、社会科学、思维科学、人体科学、地理科学、行为科学、建筑科学

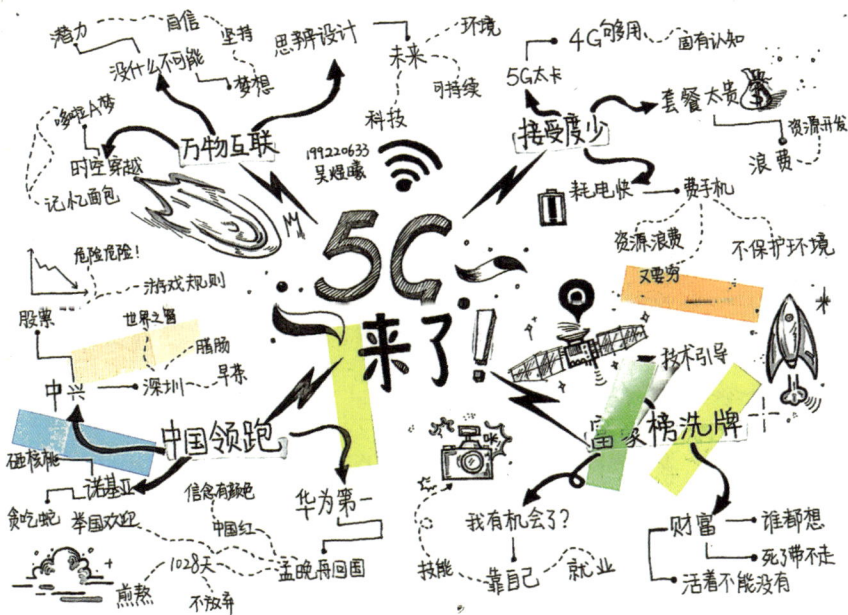

图4-23　5G来了/吴煜曦

十大科学技术是性智、量智的结合，主要表现为"量智"；而文艺创作、文艺理论、美学以及各种文艺实践活动，也是性智与量智的结合，但主要表现为"性智"。"性智""量智"是相通的。"量智"主要是科学技术，是说科学技术总是从局部到整体，从研究量变到质变，"量"非常重要。当然科学技术也重视由量变所引起的质变，所以科学技术也有"性智"，也很重要。大科学家就尤其要有"性智"。"性智"是从整体感受入手去理解事物，是从"质"入手去认识世界。图4-24是根据大成智慧学所作的概念地图。

图4-24　钱学森的大成智慧学概念图

课题 3　选择下列名词概念做概念地图

"一带一路"倡议、转基因食品、鸳鸯火锅、雾霾、公积金、财政悬崖、城市化、北斗导航、工匠精神、品牌连锁店、免疫系统、瑜伽、智慧制造、网络购物。

图4-25～图4-28为概念地图的范例。

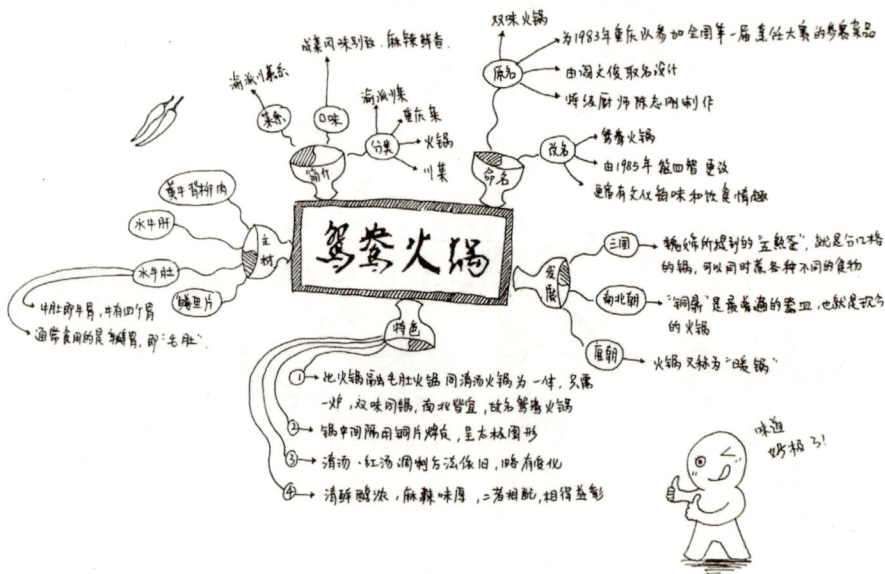

图4-25　鸳鸯火锅/张澄澄

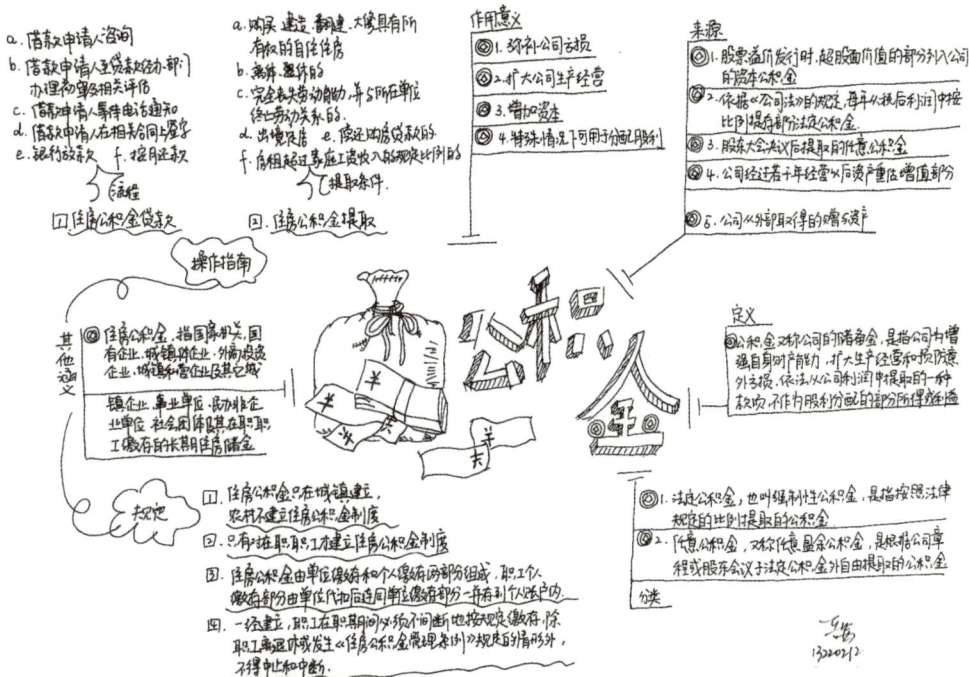

图4-26 公积金/王茜

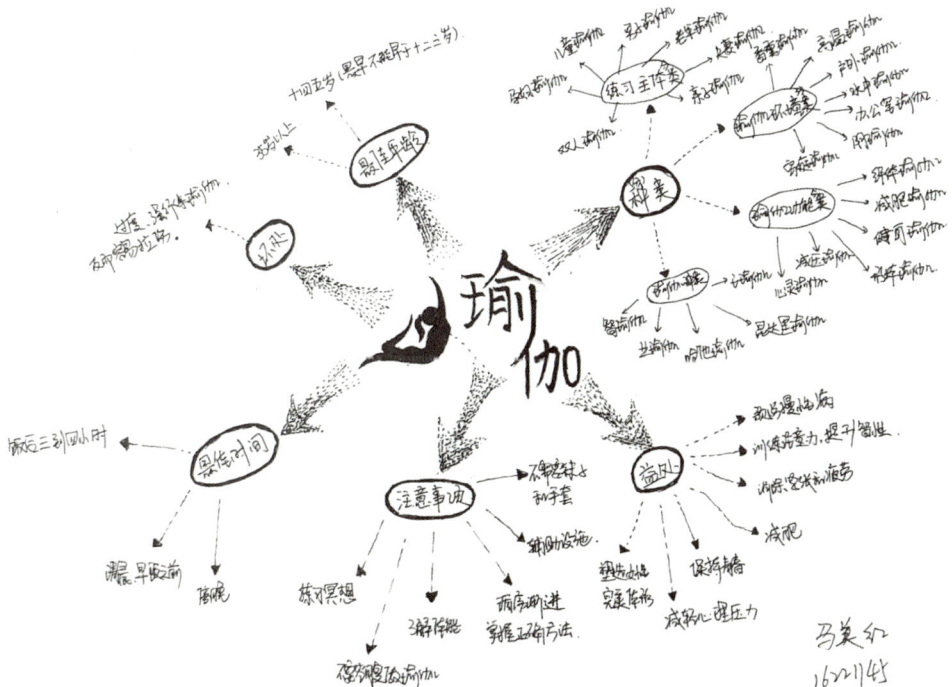

图4-27 瑜伽/马美红

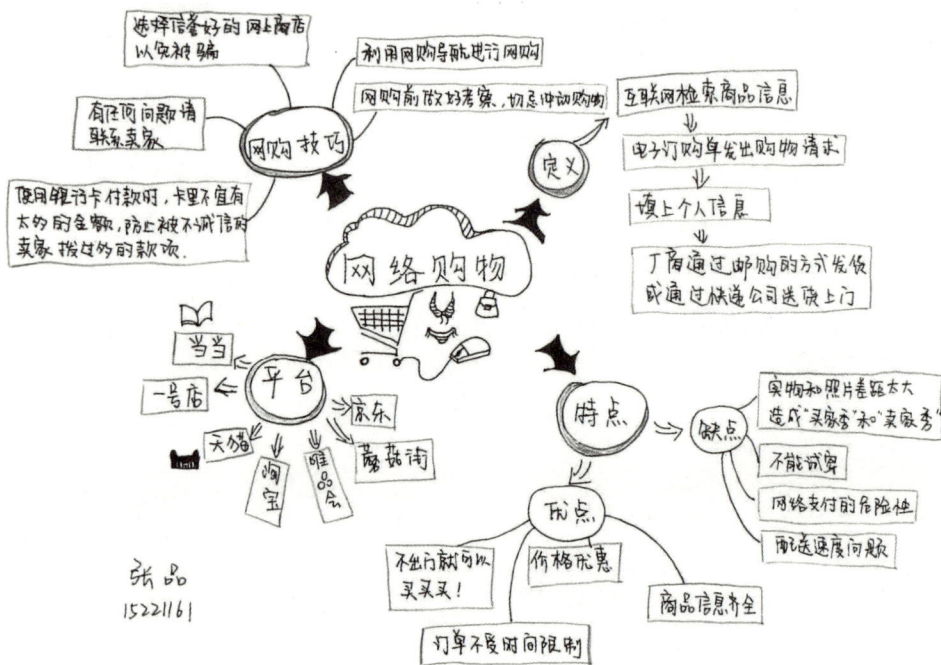

图4-28　网络购物/张品

4.2.3　外卖餐盒研究设计案例

（1）课题综述

与快递同样严峻的问题是外卖快餐。据互联网数据显示：国内三大外卖网站快餐日订单量都在1600万单左右。外卖餐盒材料由塑料袋和餐盒两部分组成。按每天每单外卖用1个塑料袋计算，1天所用的塑料袋可覆盖269个足球场，4天的快餐塑料袋即可覆盖整个西湖！

餐盒回收的难题在于可回收餐盒一旦混有剩饭剩菜，就需要经过分拣、清洗、验收的系列程序才能回收，其成本远高于餐盒本身的回收价格，实际回收率极低，而大多数一次性餐具往往被扔进垃圾桶混入其他生活垃圾。即使是可降解的塑料餐盒，其中的厨余垃圾变质后对土壤、水质的污染也很严重。剩菜剩饭在分解过程中会产生酸性或碱性污染物，把其他垃圾中的重金属溶解出来，不仅污染土壤、改变土质，还可能随雨水流动、渗透，污染地表水和地下水。

（2）定义问题

① 价廉的包装快餐盒使得消费者可以忽略成本，随意丢弃。

② 快餐缺乏过程性管理。

③ 商家和消费者应该为快餐盒的污染付出成本。

④ 废除一次性快餐盒，多次使用的餐盒和消毒成本可以分摊。

⑤ 政府要起到监管作用。

（3）设计概念

① 可重复使用的餐盒。

② 叠放式。

③ 第三方经营。

④ 严格消毒程序。

⑤ 每一个餐盒的数据化跟踪。

课题 4　环保型外卖餐盒设计

以小组3～5人为单位进行。要求设计调研中除了资料查阅、网络调研等方式之外，还要针对用户及相关情境展开现场调研。设计构思和方案表达可以草图、效果图及实物模型相结合，并对设计结果作评估测试。根据课题要求，确立研究课题和研究对象，明确设计任务和初期目标，列出研究计划及时间表。

设计步骤：

① 思维导图——视觉化思考。对研究对象展开设计调研，运用问卷调查、访谈、观察、任务分析等调研方法，对用户展开深入调研，并对环境、现有产品及技术等作基本分析。从调研中发现问题，理清设计问题脉络和相互关系，找到潜在需求和创新可能（图4-29）。

② 思维发散——折叠与收纳。结合前期调研结果，运用思维导图、情境故事法和头脑风暴法等方法展开设计构思。通过评审择优选择创意方案，运用草图、效果图或原型等方式展开进一步地深入设计，细化设计方案，明确设计细节。并把设计思维过程每一阶段视觉化思维导图排版在A3版面上，彩色打印（图4-30）。

③ 概念地图——建构相关因素。在草图方案的基础上制作若干设计原型，并对其进行试验和评估，据此调整和优化设计方案，选定设计方案（图4-31）。

④ 认知地图——研究分析。制作实物模型。首先绘制出产品各零部件的尺寸图，要求尺寸、形状和结构尽量准确，然后可以使用卡纸、瓦楞纸、陶泥或木材等易加工材料进行最终模型制作（图4-32）。

⑤ 探索性设计。将草图、模型、设计说明、照片或效果图、使用情境等内容，以设计版面的方式进行制作，以充分说明设计创意及整体效果。A3版面，彩色打印（图4-33）。

⑥ 版面设计（图4-34～图4-38）。

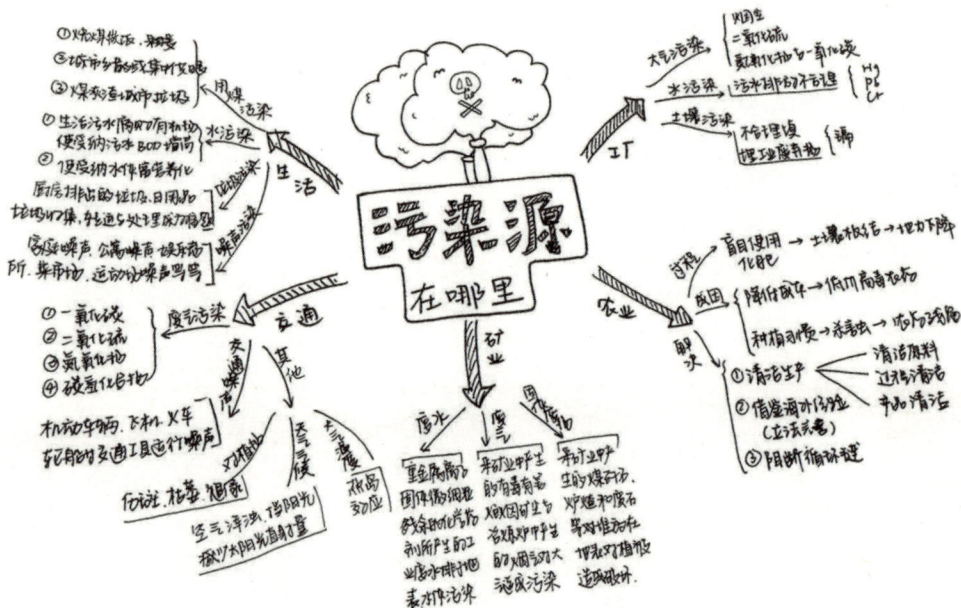

图4-29　视觉化思考／吴玉鑫

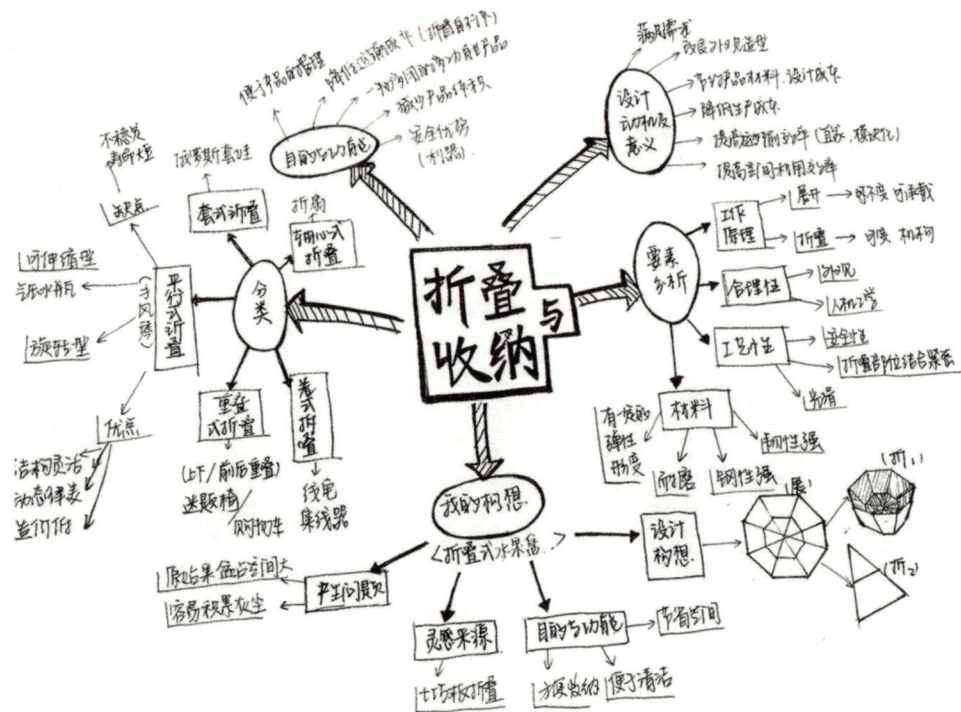

图4-30　思维发散/吴玉鑫

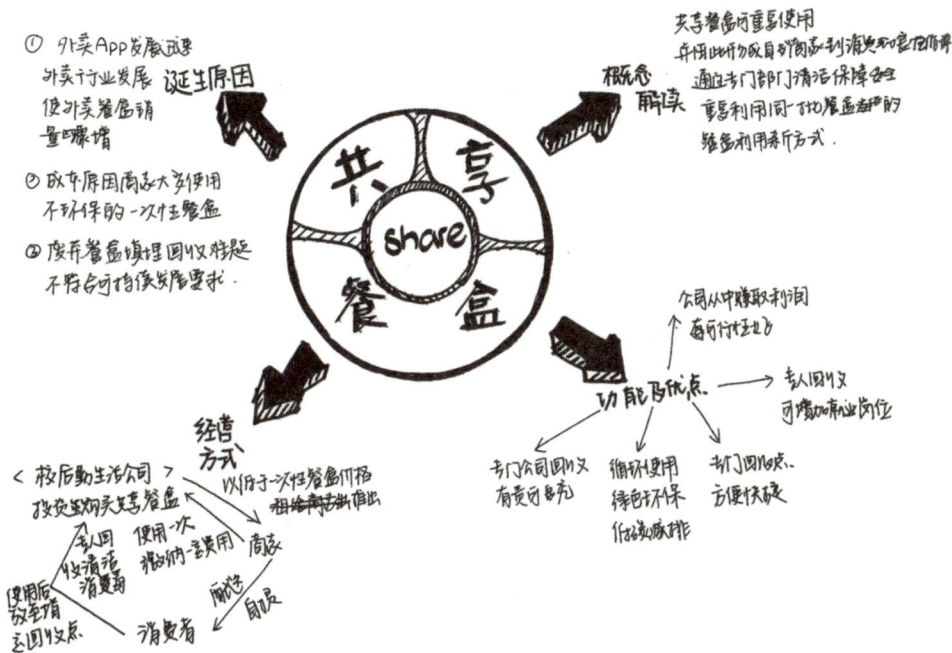

图4-31　概念地图/吴玉鑫

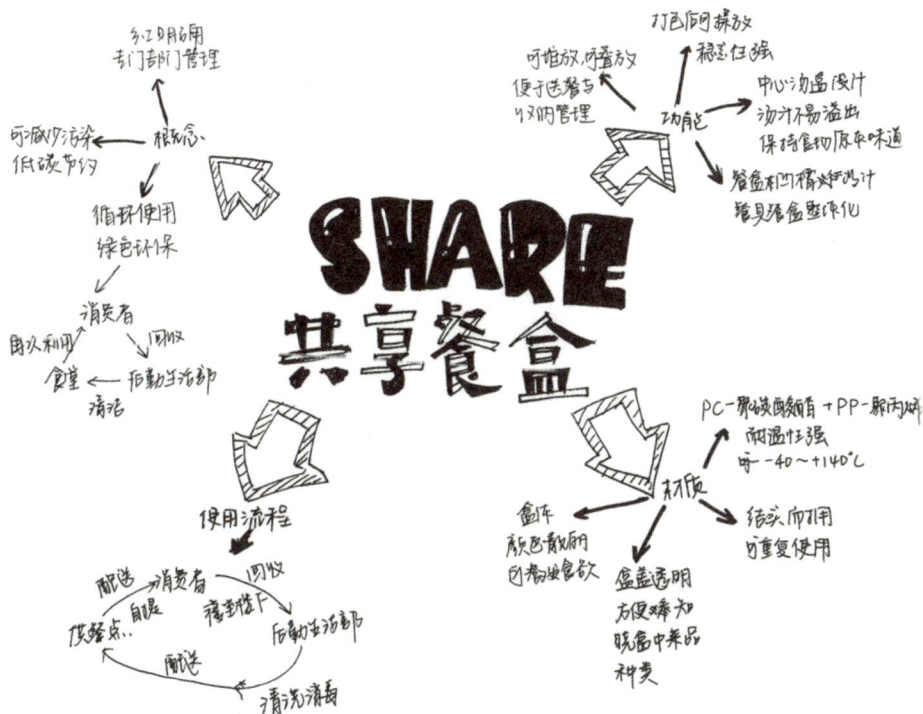

图4-32　认知地图/吴玉鑫

盒盖顶部长条形凹槽
用于盛放餐具包
实现餐具餐盒一体化

盒盖顶部两条弧形凹槽
与盒体底部弧形凸起相嵌合
满足餐盒盛装食品后摞放的需求

餐盒顶部的圆盖
单独盖住盒中心的汤盒
既可以保证食物保持原味
又可以避免汤汁溢出

侧面凹槽、斜坡设计
满足餐盒回收后的叠放收纳需求
节省空间

使用流程

学校食堂

后勤公司

消费者

回收点

图4-33　探索性设计/吴玉鑫

图4-34　可叠放的校园共享餐盒/吴玉鑫、车错来、章寅祥

SUPER SHARE BOX
可多次使用的餐盒

与传统便当盒外表上没有根本区别，以天然小麦秆为材质，健康环保可降解与新型芯片相结合

可用 App 一键订购并可监测共享的各环节

相对于传统外卖餐盒，这款更加环保健康，也解决了顾客不敢共享餐盒的问题

a **材质方面**

有机小麦秸秆散发淡淡麦香味，健康环保，可降解

d **操作步骤**

OPERATION STEPS

手机下单 → 商家配送

↓

工厂消毒 ← 第三方回收

1 顾客可在点外卖时一键下单
2 可实时监测外卖位置
3 可查看餐盒消毒情况
4 智能提醒顾客及时食用外卖
5 提供一些关于餐盒的智能小游戏
6 押金缴纳 费用支付 全额查询

b **细节设计**

多个贴心人性化小细节，满足各种顾客需求

双面锁扣

配带餐具 提手设计

c **智能黑科技**

内含智能芯片，搭配App使用更方便，顾客更安心

智能芯片

可实时定位

餐盒消毒过程实时记录

手机 App

图4-35 **可多次使用的餐盒/陈星煜、薛晶晶**

盒一
通用型共享餐盒

使用示意图

本款餐盒加入可伸缩这一元素，将现代的二维码技术和定位追踪技术应用其中，符合当前"共享"和"智能"的新型生活方式。

共享

回收站点对餐盒进行集中回收清洗，再发往各个餐饮店铺供其再次使用，实现了餐盒的共享和多次利用。

多用

餐盒不同折叠层的拉伸可以满足多类外卖餐盒需求。将上层拉伸开来可用以装炒饭、汤面等外卖；将下层拉伸开来则可以装自选式快餐。这使得本款餐盒具有通用性，利于构建回收网络。

智能

内置追踪芯片
扫码解锁

外卖单夹

1 米饭 ☑
鸡肉 ☑
萝卜干 ☑

2 炒饭 ☑
生煎 ☑
热汤面 ☑

图4-36 **通用型共享餐盒/徐雅静、颜嘉慧、杨柳**

图4-37　模块化便携环保型餐盒/孙静、王雪萍

图4-38　可重复使用的便携式布制餐盒/戴书婷、柳慧佳、任泓羽、眭晗瑞

扫码下载
实训活页

4.3—|设计研究|

设计研究是解决问题的过程，同样一个元素，在这个人眼里可能被忽视，却在另一人那里成为推进整个设计的核心。正是由于设计本身包含了太多个人的价值判断，才呈现出如此鲜活多变的特征。设计思维的前期可以看成是"寻找问题"阶段。而"寻找问题"的路径和方法必然会影响到设计结果。我们把这个过程称之为"研究"。

4.3.1 "关爱"主题的设计研究

英语中"研究"——Research源自中古法语，意思是彻底检查。简单地说，发现问题和解决问题的过程就是研究的过程。在工作学习中，只要不安于现状，时刻思索钻研，并善于捕捉自己思想火花和智慧的灵感，"研究"活动便开始了。"研究"一词还常被用来描述关于特定课题的资料收集。

如果说研究是"问题求解"的过程，那么研究的前期阶段则可以看成是"寻找问题"的过程。问题和途径就成了研究过程中的核心部分。对于一个问题而言，解答方式往往不只是一种，这就使得研究者在整个过程中都面临着判断，特别是早期的判断会在很大程度上影响最终的结果。判断的过程也是将现有观念重新组合、形成新观念的过程。在思考问题时要确定两个概念：

首先是问题"真实性"的考查，研究者必须确定所解问题是否真实存在，其存在的条件如何，问题的范围有多大。需求调查、实地考察等都是考查问题真实性的有效方法。

其次是对问题的"定义"，这是问题求解过程最困难和关键的一步。怎样定义问题往往直接影响求解的过程，因此问题定义本身是求解的一种规划和期望。例如，设计者如果定义"怎样设计一把椅子"，这种定义本身就把问题限制在室内家具的一种概念中。换一种角度作另外一种定义："怎样设计一种能支撑人体重量的装置"，这种抽象的定义方法不仅提供了拓展思维的可能性，而且更贴切问题的本质。

设计思维中的一个重要特质就是同理心（Empathy），这是一个心理学概念，意指能感同身受地了解和体会身边人的处境及需要，是同情、关怀、利他的心理基础。有"同理心"的人能从细微处体察到他人的需求，没有同理心就做不好设计。"关爱"的课题就是让我们将视角放在周边需要帮助的人身上，这时会发现生活中有太多需要设计的地方，我们就从了解老年人、孕妇、清洁工人、残疾人等弱势群体生活和工作的细节开始，发现问题，了解需求，并用设计解决问题（图4-39、图4-40）。

环顾周围世界，哪些人群需要我们关心、爱护、救助：

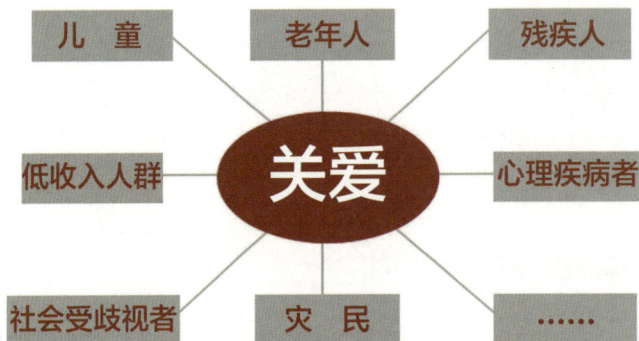

图4-39　哪些人群需要关爱

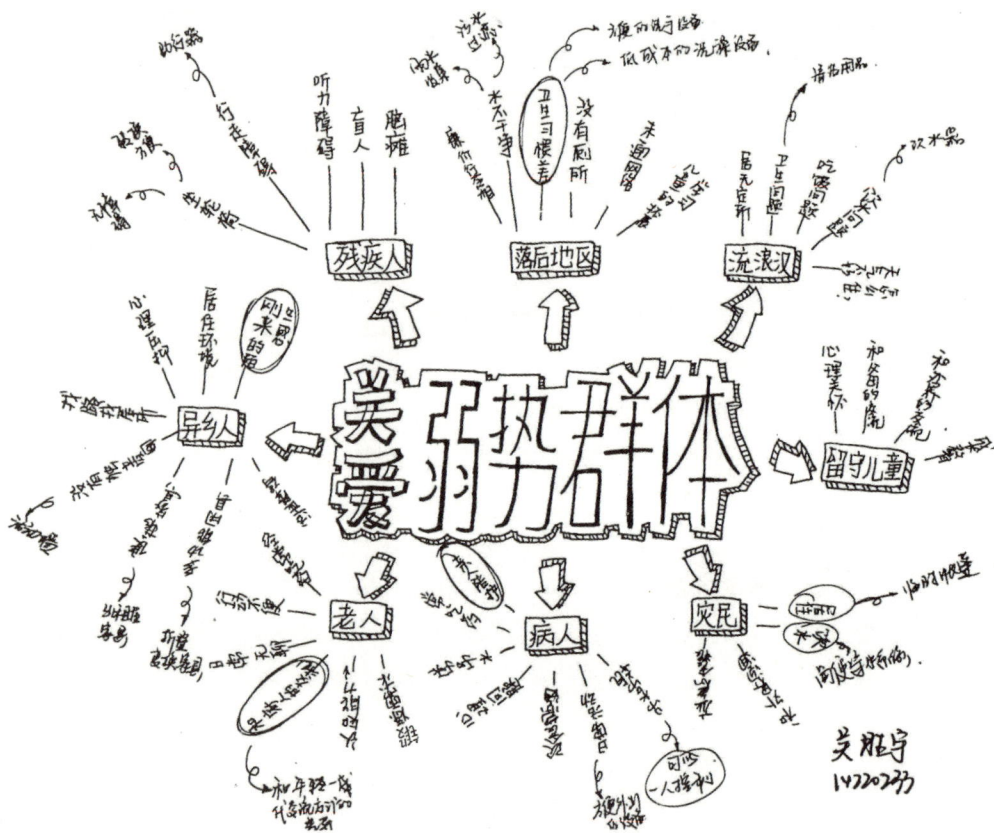

图4-40　弱势群体的思维导图/吴胜宇

课题
5   **关爱**

扫码下载
▶ 实训活页 ◀

以小组（3～5人）为单位进行研究设计。要求设计调研中除了资料查阅、网络调研等方式之外，还要针对用户及相关情境展开现场调研。设计构思和方案表达可以草图、效果图及实物模型相结合，并对设计结果作评估测试。

设计步骤：

① 设计调研：对研究对象展开设计调研，运用问卷调查、访谈、观察、任务分析等调研方法，对用户展开深入调研，并对环境、现有产品及技术等作基本分析。从调研中发现问题，厘清设计问题脉络和相互关系，找到潜在需求和创新可能。

② 思维导图：结合前期调研结果，运用思维导图、情境故事法和头脑风暴法等方法展开设计构思。通过评审择优选择创意方案，运用草图、效果图或原型等方式展开进一步的设计，细化设计方案，明确设计细节。

③ 制作实物模型：首先绘制出产品各零部件的尺寸图，要求尺寸、形状和结构尽量准确，然后可以使用卡纸、瓦楞纸、陶泥或木材等易加工材料进行最终模型制作。

④ 版面：将草图、模型、设计说明、照片或效果图、使用情境等内容，以设计版面的方式进行制作，以充分说明设计创意及整体效果。版面尺寸：800mm×1200mm，无纺布彩色打印（图4-41～图4-44）。

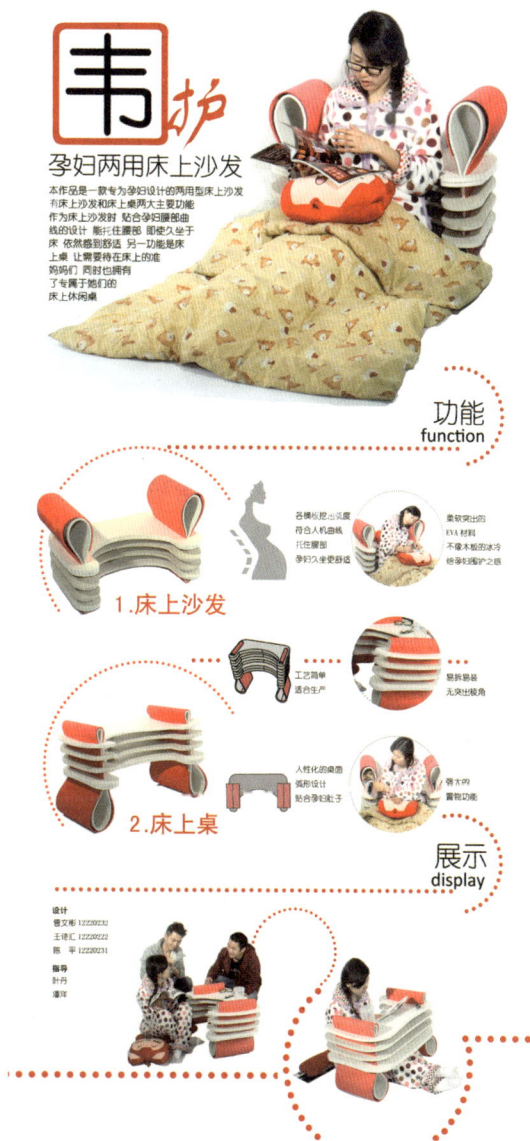

图4-41　孕妇家具/曹文彬、王诗汇、陈平

认知积木

color blocks

自闭儿童拼拆游乐具

这是一款集可拆、储存、家具于一体的多功能的游乐具，不仅可以帮助自闭症儿童树立学习和整理的意识，也有助于开发他们的智力和对色彩的认知能力。

储物式 □ □ □ ·
靠垫内部的三角空间
可放置儿童玩具和儿童文具，
外侧的小桌架可放杯子等物件。

· □ □ □ □ **游乐式**
可拆装的书桌和靠垫以及拼图游戏，
有助于培养孩子的动脑和动手能力。

· □ □ □ □ **家具式**
书桌、储物架、垫子三位一体，
形成一个供孩子学习和休闲的小空间。

立墙式 □ □ □ ·
不用的时候可以立在墙边，
节省空间，也装饰墙面。

设计团队：陈璐 余怡倩 杨永跑
指导教师：叶丹 曹静

图4-42　自闭症儿童认知积木/陈璐、余怡倩、杨永跑

因孕而生

社区孕妇产前培训中心家具设计

考虑到孕妇这一特殊人群不适宜长途奔波，而现在的产前培训一般都是在医院进行，对孕妇来说很不方便，所以，我们提出社区孕妇产前培训中心的概念，可以让孕妇们在一起交流探讨孕期的知识经验。我们也针对这一方面设计了一款可供孕妇们学习休闲的桌椅。

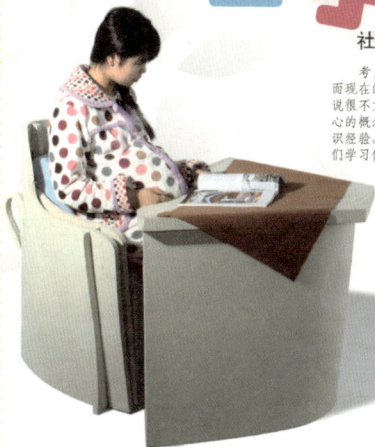

功能介绍

2.人性化设计
桌子的弧线使桌子能更加贴合身体

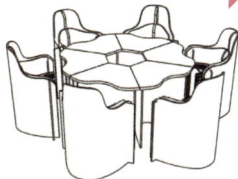

1.减压、护腰
椅背的弧度支撑符合人体脊柱，缓解孕妇的不适感

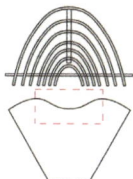

3.可拆卸、随意组合
多个桌椅可拼接成一个大圆桌，供孕妇们休息交流

·课程名称
基础设计

·小组成员
沈莉
汪永清
严胡岳

·指导老师
叶丹 潘洋

图4-43 社区孕妇产前培训中心家具设计/沈莉、汪永清、严胡岳

建 所未见
——盲童导向训练系统

盲童康复训练的意义与目的
随着我国特殊教育事业的迅速发展，对盲童教育的实践探讨
和理论研究越来越趋向科学化、系统化、纵深化。
盲童的康复问题不仅引起教师和家长的普遍重视，而且也得到国家和社会的极大关注。

单元1
采取凸起的长条障碍物，或直或横，在前行的时候不能碰
到直条障碍物，用多种方式的行走训练孩子走路。

单元2
在若微感知黑白的世界里，我们也可以很快乐。将"熊猫"
圆筒固定在底端，其中"手臂"作为障碍物，引导小孩子抱着
圆筒反方向前行。由于材质柔软，不会受伤。

单元3
嘿，我找到光的方向了呢。
用瓦楞纸制作封闭空间，有两处小门。孩子从一小门进入小
纸箱，将另一小门封闭，开一处光源，引导他们找到光的方
向，提高感光能力，训练光感。

单元4
不一样的角度，不一样的好玩。
作为滑梯的一种表现形式。两端固定，角度可任意变化。孩子
可以爬，也可以躺，还可以换方向钻。

孟珈羽、魏曦月、孙樱迪/设计
叶丹、潘洋/指导
基础设计/课程

图4-44　盲童导向玩具/孟珈羽、魏曦月、孙樱迪

Chapter 04

4.3.2 未来办公空间的设计研究

（1）综述

本课程是由企业出题，对未来产品作设计思维畅想，提出设计方案的实验性课程。时间为两周。

合作企业：永艺家具股份有限公司。

研究课题：未来办公空间。

合作企业位于浙江省安吉县，是一家专业研发、生产和销售坐具的高新技术企业。产品涉及办公椅、按摩椅、沙发及功能座椅配件。提出"未来办公空间"研究课题是希望借助院校的研究优势，为未来办公坐具提出创新方案。主题下分为四个研究方向：联合办公、办公家居化、户外办公和坐具色彩。

企业董事长在开课时对师生提出了要求和希望：坐具作为办公室里与人关系最为密切的产品之一，理应成为办公空间重要的组成部分。这次课程是同学们参与设计实践的好机会，希望大家没有负担、毫无保留地享受创新过程。

本次课程作为实验课程，将全班学生分为8个小组。每个课题由两个小组分别进行研究。每个小组由5位学生组成设计团队。

课程内容：课题调研（企业现状、家具生产工艺、新材料、办公家具市场）、趋势研究、问题定义、概念设计、计算机建模和版面展示设计。课程结题以PPT向全体师生和企业导师作展示成果，并当场回答提问。

下面是"户外办公"设计案例。学生团队成员：吴胜宇、应渝杭、陈美琪、刘芙源、郑伟（图4-45）。

图4-45 "户外办公"设计团队

（2）趋势研究

现代社会中的办公方式日益趋向多样化、灵活化、智能化等。以往固定的静态模式很难再满足不断变化的需求。在有限的格局中，人与物的关系往往是不确定的。现代化的办公尊重员工的多样性需求，传统一人一位的管理有可能是一种束缚，尤其是科技类企业更愿意尝试非固定工位模式，不再限制办公场地，甚至上班时间。在信息时代，企业办公空间的发展强调在以人为本的前提下，呈现生态化、智能化、人性化和办公家具多样化趋势。

人生理上的新陈代谢、能量补充、能量转换、生物钟、营养摄取等都依靠与自然保持生态平衡来完成。而在精神层面上，人的心态、情境、情操和情感，以及疲劳机制与恢复也都依靠自然来调节。户外的自然景色对人有着不可估量的价值（图4-46、图4-47）。

图4-46　户外办公可以成为趋势吗？

图4-47　为什么要在户外办公？

户外办公因素分析如下。

主动因素：更好的环境——自由的空间——灵活的时间——放松心情；

被动因素：旅途中——应急事务处理——时间的限制——逃离喧闹的环境。

（3）发现问题

大晴天在社区花园，或在公园里拿出笔记本电脑、纸、笔等，一边享受阳光，一边工作，这是一件多么惬意的事情啊！随之而来的是阳光直接照在屏幕上产生反光。怎么应付这个场面？打一把像露天咖啡馆那样的大阳伞是可能的解决方案。问题是，怎么将伞把固定而不被风吹走？

在公共空间安置一些固定的办公家具，就像公园里的休息椅那样，供有需要办公的人使用，城市广场、图书馆室外空间都是合适的领域。而更多的人可能需要的景，既能遮阳，又能舒适地坐在椅子上安心办公。问题是怎么解决便携、移动的问题。

就如节日期间在城市广场举行大型商贸活动，或者在道路边开设夜市，商业帐篷和摊位可以在短时间内大面积展开，又可以随时收拢。这种可堆放、移动的结构可以移植到户外办公家具上吗（图4-48、图4-49）？

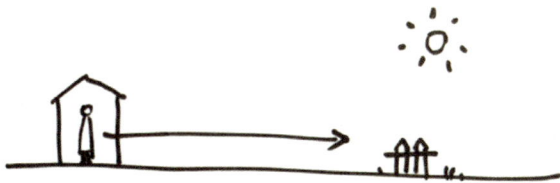

图4-48　露天办公？ 面对太阳直晒？

图4-49　户外办公分析坐标

（4）问题定义

① 户外办公如何应对各种气候？

② 户外办公如何避免阳光直射？

③ 户外家具是固定的，还是便于携带的？

④ 户外家具的材料与结构因素会导致家具价格昂贵。

（5）概念设计

经过大量阅读有关资料，收集建筑、家具图片，以及小组头脑风暴，提出多个设计概念：遮阳、便携、折叠、堆放等。成员各自设计草图（图4-50、图4-51）。

图4-50　灵感与概念

图4-51　结构与功能分析

（6）设计概念

① 能有效遮蔽阳光；

② 能有效控制光线；

③ 结构简洁，多功能；

④ 便携；

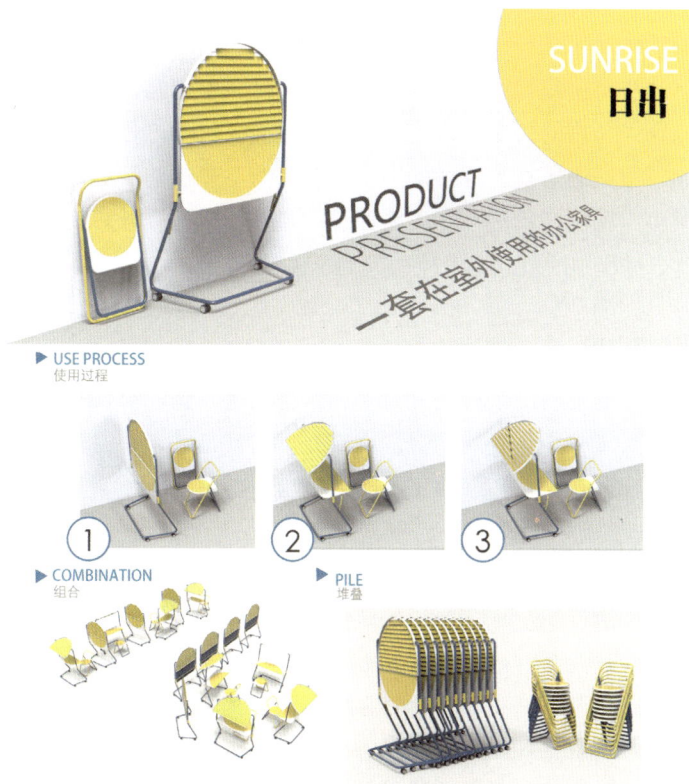

图4-52　户外办公家具概念设计

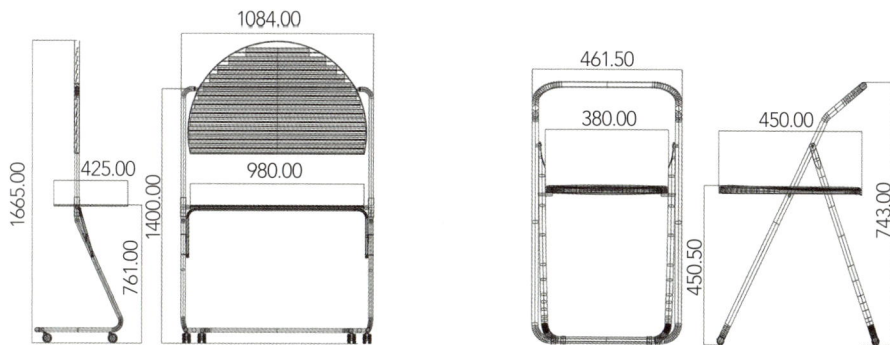

图4-53　户外办公家具尺寸

⑤ 便于收纳、堆叠存放；

⑥ 方便使用，符合人机原理（图4-52、图4-53）。

（7）任课老师点评

与以往不同，这次课程与企业合作，课题与真实世界相连接。同学们直接面临现实的挑战，感受到了学习的意义。而激活日常生活中的具体经验，对理解设计十分有帮助。但同时，真实世界的问题往往过于庞杂和交错，会让同学们感觉迷惑，无从下手。在整个过程中，学生团队通过与企业导师和任课老师反复讨论，甄别真实场景的特征和发展趋势，逐步理解未来社会人与物的关系。这是设计思维的深度思考过程。设计团队对户外办公家具的发展趋势作了很好的研究。观察的角度是独特的、感性的、具体的。当一个问题被明确定义，距离解决问题已经不远了。团队成员的草图、构思、计算机建模等能力还处在基础阶段，但在整个过程中的概念思考能力起到了关键作用。

（8）企业导师点评

新产品开发是企业发展的生命线。为了长久地发展，企业对10年、20年以后的市场极为重视，所以要求对未来产品发展趋势加以研究。这就是"未来办公空间"研究的意义所在。"户外办公"课题在当下还不多见，今后随着社会发展会不会是一种趋势？现在还很难说，同学们所呈现的研究成果我认为很有价值。

4.3.3 "健康"主题的服务设计研究

（1）综述

本课题是服务设计研究项目，旨在解决日常生活中的健康问题。服务设计是一种以用户为中心的系统性创新方法，旨在通过整合资源、优化流程、设计触点，将抽象的服务转化为可感知、有温度的体验。其本质是解决复杂系统中的供需矛盾，例如医疗服务中的流程断层、用户与设备的交互障碍等。其核心原则：

① 用户旅程可视化：通过用户体验地图拆解服务触点，识别痛点（如医院挂号排队过长、健康数据分散）；

② 跨学科协同：融合设计、技术、医疗等多领域知识，打破部门壁垒（如医院信息科与护理部的协作）；

③ 迭代验证：通过原型测试（如虚拟问诊流程模拟）快速优化方案，降低试错成本。

健康设计是服务设计在医疗健康场景的具象化，聚焦于提升健康服务的可及性、安全性与体验质量，其核心挑战包括：

① 老龄化社会的照护压力：独居老人跌倒监测、慢性病远程管理等需求亟待解决；

②医疗资源的不均衡：基层医疗服务能力薄弱，优质资源集中于大城市；

③技术与人性的平衡：智能设备需兼顾功能性与适老化设计（如简化操作界面、语音交互）。

（2）发现问题

同学们经过调研，选取了某同学的亲戚所患的"癫痫病"作为课题展开研究工作。研究表明：癫痫病症所展现出的突然性和不确定性，对癫痫患者与其他相关人员都造成了很大的困扰，与此同时，相关领域产品与配套系统不完善、效果不佳，无法满足癫痫病人的生命安全与病程控制需求。因此，需要发挥产品设计、服务设计理论与体系的挖掘能力，从更好地帮助癫痫患者出发，寻找合理的解决方案。以下对救助过程中患者自身、急救人员、热心群众这三类关联群体各自可能存在的问题进行了归纳（图4-54）：

①患者自身：因错误的救助方式导致病情加重或误伤。

②急救人员：在救治现场缺乏有效的病史记录参考和病情描述信息，判断受限。

③热心群众：因对发作情形不了解而畏惧救助。因缺乏专业救助知识，采取错误的救助方式而遭受攻击或二次伤害。

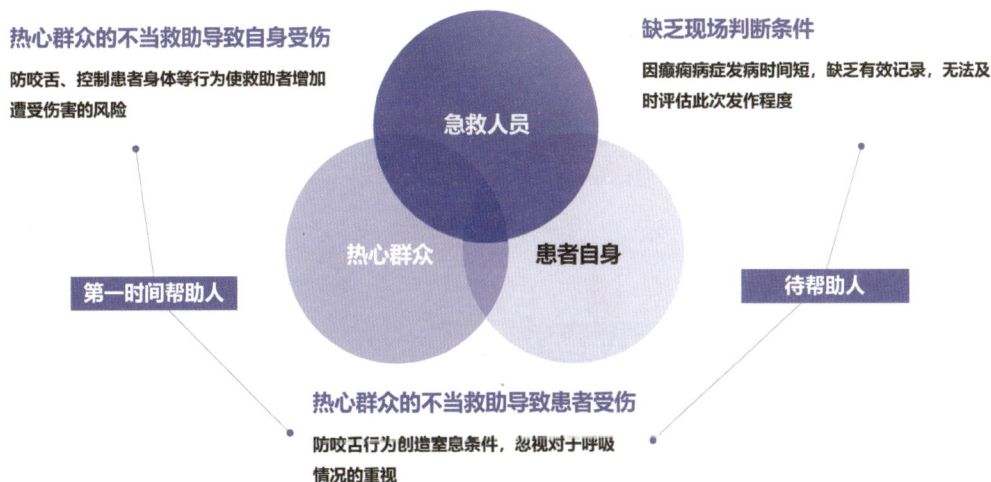

热心群众的不当救助导致自身受伤
防咬舌、控制患者身体等行为使救助者增加遭受伤害的风险

缺乏现场判断条件
因癫痫病症发病时间短，缺乏有效记录，无法及时评估此次发作程度

急救人员

热心群众 患者自身

第一时间帮助人 待帮助人

热心群众的不当救助导致患者受伤
防咬舌行为为创造窒息条件，忽视对于呼吸情况的重视

图4-54 问题发现与群体关联图

（3）故事板

癫痫是一种慢性非传染性神经系统疾病，其发作状态主要表现为脑功能障碍。据2023年世界卫生组织（WHO）统计，全球约有5000万癫痫患者，4000万在发展中国家。中国患者有近千万，约占全球癫痫患者总数的1/5，其中的600万患者每年发作，20%～30%为难治性癫痫，且每年还会新增患者40万，规模庞大，增长迅速，但其发病机制尚不明确。近年

来随着我国人口老龄化，脑血管病、痴呆和神经系统退行性疾病的发病率增加，老年人群中癫痫发病率呈现逐年上升趋势。癫痫已成为我国第二常见神经内科疾病，目前临床统计中，仅有70%左右的癫痫病人能通过口服药物控制发作。癫痫发作频率和症状严重程度是调整癫痫治疗方案的重要依据，但由于癫痫患者发作时，主体意识将丧失并失去控制，患者将很难完成自主记忆的记录过程，从而延误医生的诊治时机。

结合现有产品类型与相关技术发展，在实体救援产品的设计思路构想中，头脑风暴过程最终以现场急救产品、可穿戴智能设备、癫痫患者自测自救产品和公共储备产品四大类产品方向进行思维发散，结合产品功能特点、技术应用、产品外观形态、实体交互、操作界面等细节进行了进一步探索。并在头脑风暴过程中，尽可能结合不同的服务情境深入挖掘用户的行为、需求、痛点，以提出创新的产品构思和解决方案。现场急救产品，将以指引公众正确参与癫痫病症急救作为产品方向；癫痫患者自测自救产品，将以自助方式或自动吸引注意与关注重视方式作为产品方向。图4-55是小组讨论前所做的思维导图。

图4-55　课题研究思维导图/龙志宇

通过全面的课题调研，制作了三个场景的产品使用与用户需求故事板，分别描述癫痫患者在自身病程管理、病情信息收集、发作状态被救助场景下的详细情节，协助开展服务系统的整体搭建工作，使系统本身更加场景化和可视化。

故事板1中描述癫痫患者的规范服药痛点，按照病程特异性服药是癫痫治疗流程中非常重要的一环，但是药品种类、服药剂量经常做出调整和更换，使用对应APP的记录功能则能比较好地解决漏吃、错吃、忘吃药品的问题（图4-56）。

图4-56　故事板1

故事板2中描写的是癫痫患者病程资料难以收纳整理的情形，配套APP可以帮助患者对自身病情进行记录，同时联动多设备，构建多角度的症状信息收集渠道，并且实现数据的自动更新上传，自动生成判断依据（图4-57）。

图4-57　故事板2

故事板3中，针对癫痫病人急救救护的参与群体行为进行描绘。因为对正确急救方式的不了解，经常出现错误救助伤害施救者与患者的情况，通过设备的行为指引，能够更好地辅助进行癫痫病症救护，保障双方人身安全（图4-58）。

图4-58　故事板3

在癫痫患者发作救助服务系统中，可将其利益相关者划分为四类：患者自身、救助者、医疗系统有关人员、系统运营方有关人员，其中患者自身、救助者为核心利益相关者，首先从动机、需求、问题三个角度对各利益相关者进行分析，提炼出共享平台的服务模式、设计策略和价值主张。

（4）服务流程

秉承"首要保护癫痫患者与救助人的生命安全"的价值主张，根据建构的八大核心功能模块，确定了两个主要接触点，分别是移动端APP与实体救助产品，不同的接触点承载着各自的职能。移动端APP承载记录、分析、交流功能，帮助患者自身进行科学化的病情管理与辅助治疗。通过实体救助产品，为癫痫患者提供良好的恢复环境条件支撑，并进行科学的发作状态下生命、病情信息监测，后续通过系统数据模型进行判断与信息反馈。最重要的是通过产品本身梳理的科学救助手段，真正保障患者与救助人的人身安全（图4-59）。

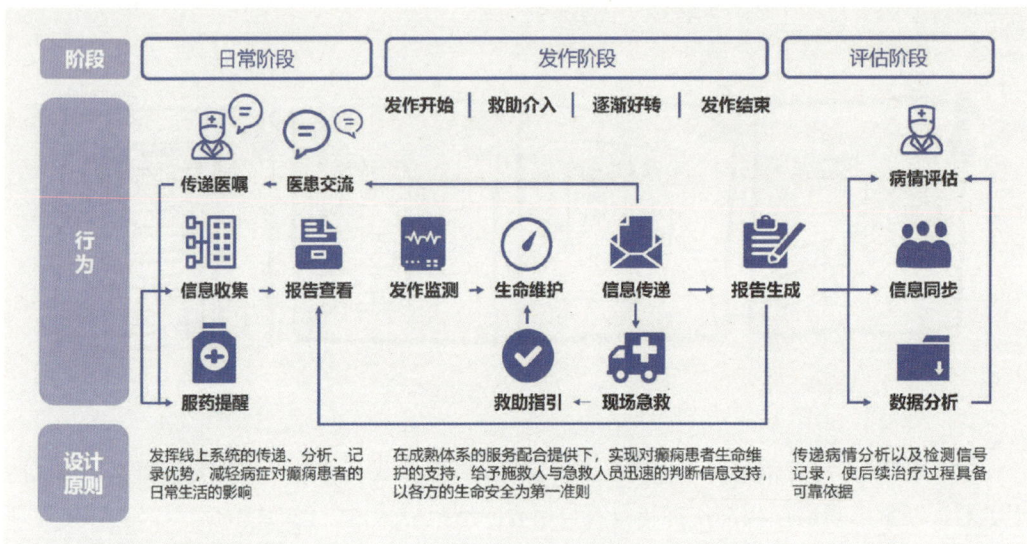

图4-59 服务流程图

（5）服务系统设计

从体验流程上，对两大场景、四大服务类型进行深入分析，在提炼出新服务系统的基础上，进一步完善了服务价值网络，引入移动端APP、实体救助产品、患者自身、救助人等服务接触点，最终构成了新服务系统的服务系统图。为清晰呈现各利益相关者之间的价值关系，使用不同的颜色、线段类型来表示服务模式下利益相关者的价值关系。具体内容如图4-60所示。

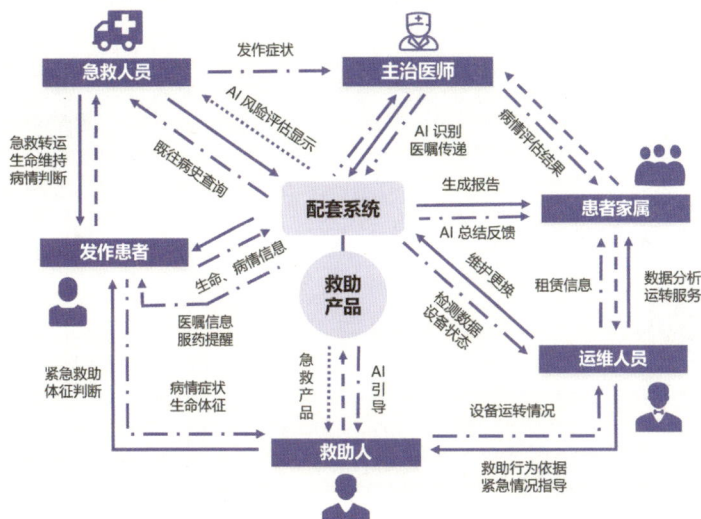

图4-60　**服务系统图**

（6）结语

癫痫患者智能救助服务系统可以有效保证癫痫患者的人身安全，方便医护力量在需要时更方便、更精准地进入癫痫病人的防治过程中，对癫痫病人生活的常规化、正常化作出努力。服务设计以"人"为尺度重构健康服务，AI则为这种重构提供了强大的技术引擎。在本产品的设计过程中，运用AI技术对用户行为数据进行深度学习与分析，以及智能预警、远程干预、个性化健康管理等多元服务场景构建，使服务系统在运行中更具敏捷性与适应性。二者的结合不仅是工具的革新，更是对"以患者为中心"理念的回归——让技术真正服务于人的健康福祉，这既是设计的温度，也是科技的初心。

产品展示视频

（7）设计表达

根据具体的服务流程规划，制作多角度的设计渲染图、产品模型、零部件图、功能演示图，对实体救助产品进行了细节展示（图4-61），制作功能流程图、界面布局图，对移动端APP、实体产品交互

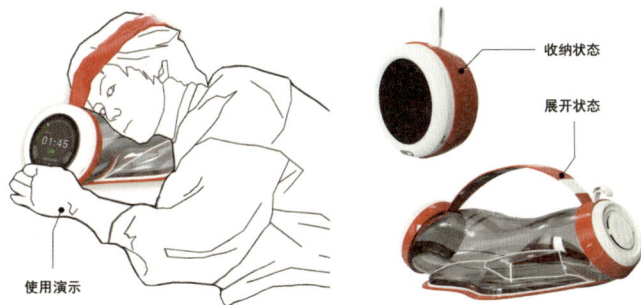

图4-61　**癫痫患者救助产品演示图**

界面进行了展示，并通过宣传版面、演示视频、PPT进行综合呈现（图4-62、图4-63）。

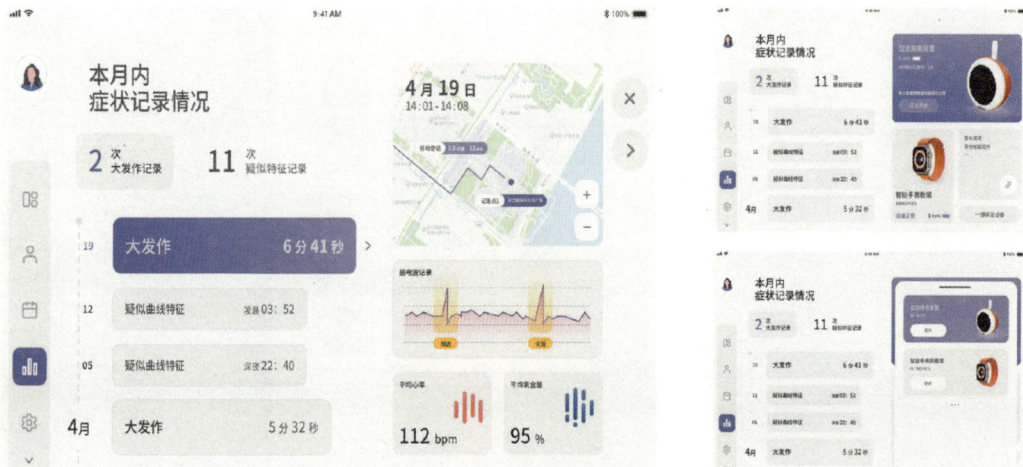

图4-62　APP界面布局图

图4-63　实体产品交互界面

（8）任课老师点评

设计课题围绕面向癫痫患者的实体救援产品系统的创新方向展开，选题具有明确的社会意义和人文关怀价值，体现了设计团队对医疗救援场景的深入观察、问题敏感性与技术创新意识。团队将救援产品系统划分为"现场急救""可穿戴设备""患者自测自救""公共储备"四大方向，构建了"预防—监测—应急—储备"的完整产品生态链，并延伸到通过APP连接个人设备、医护资源与急救中心，将医疗专业知识转化为大众可理解的交互语言，构建了"产品+服务"的闭环体系，推动社会急救资源建设、提升公共医疗服务水平。

Chapter 05

设计思维工作坊

知识目标

掌握设计的基本原理和方法；

掌握设计的一般流程和步骤；

掌握设计流程各阶段工具的使用方法。

技能目标

具备综合设计实践应用能力；

具备应对复杂问题的综合解决能力；

具备良好的沟通能力。

素质目标

以实践训练弘扬和打磨耐心、专注、追求卓越的工匠精神；

培养设计责任意识，树立人、社会、环境和谐相处的全局观；

培养团队协同意识和能力；

培养自主学习、终身学习和适应发展的能力。

　　"工作坊"的概念是在20世纪60年代，由美国学者劳伦斯·哈普林（Lawrence Halprin）提出的，最初用在都市计划中，为各种不同立场、族群的人进行探讨和交流提供方便，并且成为一种鼓励参与、创新，以及找出解决问题的对策的手段。近年来在国内外制造业、设计界和高等院校中常用这种方式进行开拓性的设计探索。意大利米兰理工大学设计学院教授、产品设计系主任亚历山大·德塞迪（Alessandro Deserti）在"五金工具工作坊"（图5-1）的演讲说得更为明确而具体：

　　从创新的角度观察，设计是一种探索性的，并以物化的形式展示未来生活方式的手段。因此，设计是在透视未来，不仅仅着眼于解决企业眼前的问题，而且能有力地带动经济增长。我们试着用一些细微的现象来解释设计不仅是可以满足消费者需求的有效手段，而且可以帮助企业在日益变化的世界经济格局中保持长远的发展。

　　学生并不是熟练的工具产品开发者。由于时间限制等原因，工作坊没有把设计重点放在技术特征和功能上，而是从最普通的工具产品着手，重点在两方面进行设计实践：一方面，做物质方面的设计，选择材料，了解技术和生产知识；另一方面，在创新的基础上，开发产品新概念，适应非物质性的需求。

　　设计需要协调各方面的因素来解决问题，对企业的反馈仅仅停留在物质层面是不够的，我们要注重不断增长的社会需求，为企业提供更富有市场价值的解决方案。制造固然重要，但更大的价值往往体现在设计和营销上。这就是我们要阐明的观点——不仅仅是设计产品，而是用系统观来思考新产品的开发。

　　在工作坊中，让学生试着把自己想象成故事的讲述者，而不是技术开发者。企业需要向消费者讲一些他们感兴趣的故事，设计师在故事的创建中担任相关角

图5-1　米兰理工大学德塞迪教授和萨拉副教授在工作坊与学生交流

色。这些故事是以产品的质量为基础的，提高质量始终是最重要的。这些故事是由好的、无形的设计要素构成的。怎样构筑一个好的故事是大多数企业的弱项，这可不是一个简单的任务。

　　虽然工作坊时间有限，太多的任务和内容会带来风险，而试着去超越也是一种激动人心的探险。

扫码下载
实训活页

5.1—|概念定义|

5.1.1　组建团队

　　工作坊以团队活动为主要特征，每个团队根据总的议题制订自己的研究课题和设计目标。为了加强团队核心竞争力，团队成员组合强调专长的多元化，比如多专业组合，由于个体间差异的存在，每个学生都可以发现自身的比较优势。同时，开展团队学习，提倡知识共享。每个学生都可以在其中找到个人特长发展的支撑点，共同创造互信合作的学习氛围。

　　工作坊是一种讨论型、研究型的学习方式，学生一般在40人左右，五六人一组。每个团队经过讨论选出一名组长，并设计制作符合本组个性的团队形象，包括团队名称、标志等，以便汇报时使用。如图5-2～图5-4所示。

队伍名称：SOGA
队伍口号：WHERE INSPIRATION HAPPENS!
研究课题：模块化沙发

图5-2　"SOGA"设计团队

图5-3 "EZIO" 设计团队

图5-4 "ZING" 设计团队

5.1.2 设计程序

设计思维工作坊从组建团队、项目调研、概念描述、构建原型到最终的成果发表这一过程，可以被看作是一次设计思考的旅程。看似在自由的氛围中进行，但有一个严格的程序引导活动有序进行。意大利米兰理工大学设计学院的Francesco Zurlo教授设计了一套程序：①以蓝天调研（Blue sky）为起点，要求学生从文学作品、电影、时尚杂志等媒体中寻找"感觉"，强调从人类多元文化、社会生活的各个侧面及发展趋势中发现"新的视角"；②设计步骤体现在"观察、联想、传达"三者的基础之上，并通过设计制作七张版面（七个步骤）贯穿整个设计思维过程（图5-5、图5-6）；③每个团队通过图片、图表、思维导图、故事构建、徒手画、效果图等一系列视觉化方式表达。

（1）研究步骤（Research Step）

目的：为项目研究定义核心问题和重点议题。

提示：通过二至三张有代表性的图片来展示主要问题。

• 在项目初期创建一个良好的工作团队；

• 创造一个情景（气氛、情绪、情感）需要做好搜集图片的准备，它们将被用在情绪板（Moodboard）上，防止不相关、不合适以及不必要的图片被使用；

• 目的不是填满整个版面，而是去发现适合并且有用的图片。

（2）思维导图（Mind Map）

目的：在头脑风暴后整理并展现项目研究的思路、灵感和联想。

提示：在此过程中，自由地进行表达，没有任何固定形式，但要非常清晰地表现项目的核心内容。

（3）风格板（Styleboard）

目的：描述项目的整体风格，通过相应的图片来描述产品的颜色、材料和表面处理工艺。

提示：可以挑选来自不同领域的具有代表性的高分辨率图片，可以添加一些相关词辅助描述。

图片选择不要过于笼统，要基于所设想的产品选择能够展示其功能和美学方面的图片。

（4）概念描述（Concept Description）

目的：描述概念的主要特征，不需要深入介绍。

提示：概念描述需要非常清晰，可以使用一些关键图表（例如产品情绪板）和方案草图来辅助描述。

如果需要阐述更多的概念要素，可以使用多种图表进行描述。

（5）故事板（Storyboard）

目的：描述用户与设计的产品或系统之间的交互过程。需要清晰地阐述空间关系、时间和关键动作等要素。

提示：可以根据自身能力水平选择使用照片或者绘图进行故事板制作。

在故事板中需要突出重要元素，所以无需添加过多细节，可以使用一些图形进行注释。

（6）项目（Project）

目的：用一张效果图综合展示项目成果。

（7）项目细节（Project Details）

目的：对项目的重要细节作出说明和展示。

提示：可以根据需要来展示，包括关键词及语言阐释。

图5-5　工作坊流程版面/ Francesco Zurlo（意大利米兰理工大学）

图5-6 电器工作坊版面/褚志华、陈文彬、王贤凯、盛龙剑、徐周音/
指导：Francesco Zurlo（意大利米兰理工大学）

5.1.3 概念描述

概念描述是一种观念先行的设想。它与市场、工艺、材料等关系并不十分密切，设计能否最终实现也不是它首要关心的问题。只要概念能够成立，就可以采用相对应的手段表现其内涵。如图5-7、图5-8所示，在沙发设计中引入"模块化"的概念，在对沙发的功能、人在室内空间的动线分析后提出概念，仅靠几个"模数"沙发便可以根据功能需要摆放多种形式的沙发组合，以分割室内空间，划分功能区域等。在这个过程中，不涉及沙发的材料、色彩、制造工艺，甚至市场因素，只是通过各种手段演绎一种概念，对"模块化"导致的功能变化、空间分割所产生的效果进行层层深入的研究。

▶ **什么是模块化沙发设计**

模块化沙发设计指的是在对沙发进行功能分析的基础上，划分并设计出一系列的沙发功能模块，通过功能模块的选择与组合构成不同的沙发，以满足市场多样化需求的设计方法

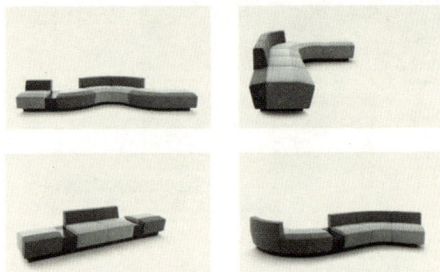

模块化沙发　**VS**　普通沙发

模块化沙发相较于普通沙发的优点 ◀

1）组合方式灵活　　　2）降低生产成本
3）提高生产效率　　　4）满足不同用户需求

▼ **现有模块化沙发的缺点**

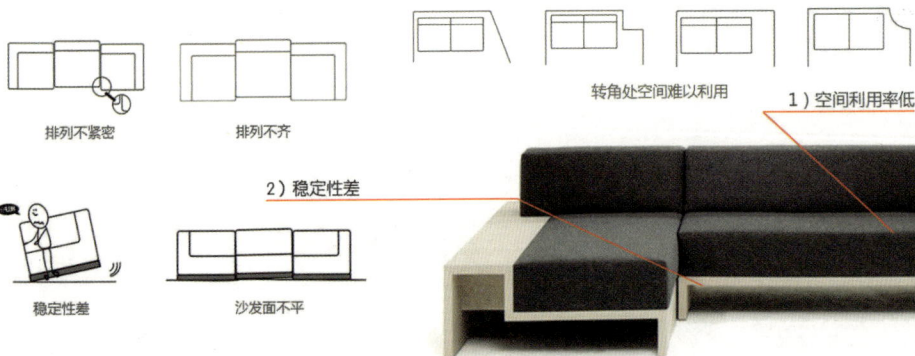

排列不紧密　　排列不齐

转角处空间难以利用

1）空间利用率低

2）稳定性差

稳定性差　　沙发面不平

图5-7　模块化沙发概念探讨/王莹、刘文伟、林定松、周珏远、王相洁、徐洪孟/指导：Alessandro Deserti、Alberto Sala（意大利米兰理工大学）

图5-8　模块化沙发概念设计/王莹、刘文伟、林定松、周珏远、王相洁、徐洪孟/
指导：Alessandro Deserti、Alberto Sala（意大利米兰理工大学）

案例解析

案例一

五金工具的创新设计包含两个方面，即功能创新和概念创新。前者需要设计者对工具
有深刻的理解和一定时间的使用经验，大学生显然不是有经验的工具使用者，也不可能对
一把老虎钳作功能创新设计；而概念设计却可以凭借概念所涉及的"可能性"进行各种组
合。在这里，工作坊将"五金工具"加上"奢侈""女性""可持续"等不同的概念（图
5-9），就能派生出许多不同的产品概念："豪华礼品工具套装""女性工具""绿色工
具"等。亚历山大·德塞迪教授通过视觉化思考的教学手段，引导学生进行概念开发，共
有八个团队从四个概念中各自选定一个作深入设计，最终用版面展示设计成果，如图5-10
所示。

图5-9　五金工具设计概念/ Alessandro Deserti（意大利米兰理工大学）

图5-10　女性工具系列套装/陈腾、林少武、张建芬、陈韵、沈崇辉/
指导：Alessandro Deserti、Alberto Sala（意大利米兰理工大学）

案例二

概念设计不受技术、市场和经济条件的约束，对于拓展设计思维十分有益。譬如对日常生活中司空见惯的工具、餐具、灯具、家具，可用全新的概念进行描述，并借助图片、草图等手段以视觉形式描述出来。概念描述从设计的形而下上升到设计的形而上，以寻找从文字概念走到现实世界的通道。如图5-11所示的急救工具箱，运用了"家庭急救药箱"的概念。一般人们会使用常备的工具应付突然出现的意外——自行车掉了螺丝，门锁卡了钥匙，电器出现故障，等等，这时自备的工具箱就可以马上拿来解决问题。图5-12所示的沙发试图摆脱"沙发"本身概念的限制，在"模块化"的引导下，出现了"搭积木"式的概念沙发，提出了仅有几款沙发却可实现多功能和空间转换的可能性。

急救工具箱概念描述

针对普通家庭这一用户群，首先联想到每户人家的必备品——急救箱。只要家庭成员有点小伤小痛，大家都会第一时间去找它。那么如果家里的某些家具出现了小问题，我们应该第一时间找什么呢？是不是也该为家具做一个属于它们的急救箱呢？为此，我们决定以红十字为设计元素，采用急救箱本身的色彩搭配，为普通家庭设计一个first-aid初级工具箱，只要家具等出现问题，就会第一时间找这个first-aid工具箱。

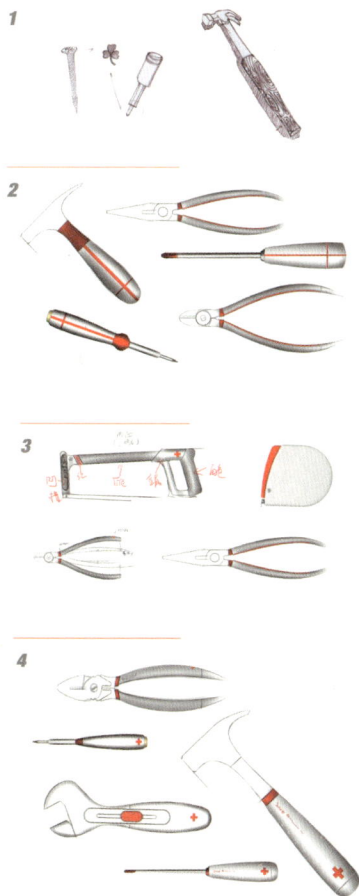

▶ 扫码下载
▶ 实训活页

图5-11 "家庭急救药箱"概念的工具箱/王贤凯、邓森、李萍、章徐涛、朱虹珍/
指导：Alessandro Deserti、Alberto Sala（意大利米兰理工大学）

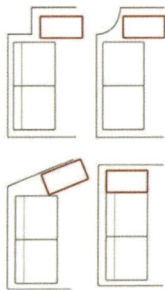

概念NO.1
INSPIRATION

灵感来源

在茶文化里，茶具中的茶盘之陈列，大气，似乎那茶盘一摆，就能把繁杂与诸项中生出一片清凉而广阔的天地，统一而不显杂乱。

我们没割了两个座蒲团来帮助我们的设计，一个是像茶杯放在茶盘上，在移动时保持整体的平稳性；另一个是像传统中国家具中的榫卯结构，用来固定，我们把沙发的底盘通过凹凸结构来契合，保证在沙发上的各种行为都不会对模块个体产生影响。

▶ 根据模块个数定制的底座
▶ 采用榫卯结构的连接方式

概念NO.2
INSPIRATION

$$1 + 1 \qquad 1 + 1/2$$

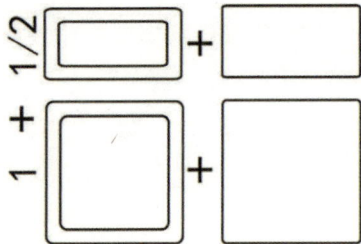

研究所得

经过研究，我们最终发现一个模块加上半个模块的沙发组合是最佳的组合

▶ **解决空间问题**
1/2的模块设计可以很好地解决家知模块化沙发存在的空间利用率低下的问题。

▶ **实现功能的多种可能性**
同时，1/2模块可以被设计为一些其他的功能组件，如茶几、书架等。

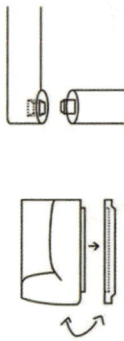

图5-12　模块化沙发概念探讨/王莹、刘文伟、林定松、周珏远、王相洁、徐洪孟/
指导：Alessandro Deserti、Alberto Sala（意大利米兰理工大学）

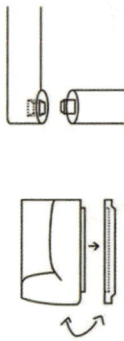

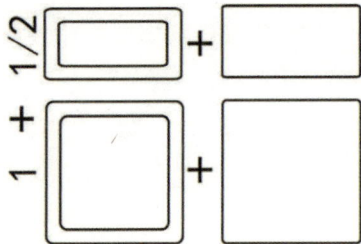

5.1.4 流程图

设计是一个循环反复、不断验证的过程。产品概念提出后，需要反复验证设计中的各个细节，寻求最佳方案。图5-13是智能照明项目的设计流程图，清晰地表明了整个设计开发流程及每个阶段所需提交的文件，在设计细化以及验证之间存在循环，说明概念提出后要不停地验证及修改。

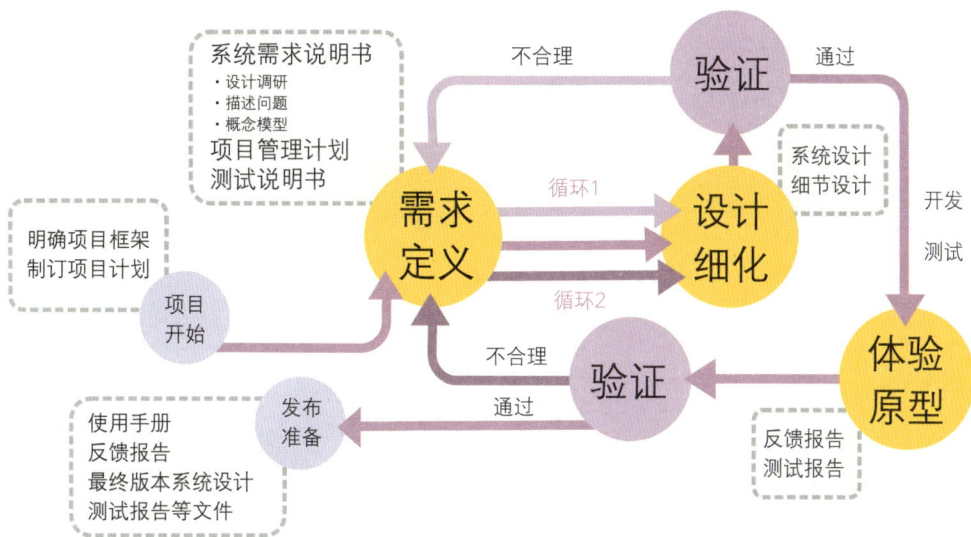

图5-13　智能照明设计流程图/严胡岳

设计过程中常常借助图示方法把思维可视化。思维可视化运用一系列图示技术把本来不可视的思考方法和思考路径呈现出来，使其清晰可见。本书第4章中讲到的思维导图就是思维可视化的方法之一。在设计的后期，需要将设计概念以及产品的相关信息清晰地表达出来，以方便检验、对比和评估。可视化设计不仅有助于思考，也是沟通、展示的重要工具。这里把可视化设计分成三个部分：整体概念的可视化、产品使用方式与使用环境的可视化，以及产品形态结构的可视化。

案例解析

案例一

流程图是表示思路的一种图示，是早期在软件语言中用来表示算法的图示，现在应用于很多领域。顾名思义，流程图描述的是流程，展示的是一种逻辑。用它来表示某个产品，特别是复杂产品的工作流程，或者用户行为过程，在设计过程中将起到事半功倍的作用。再好的文字描述也不如一张图展示得清楚，并且一目了然。在画流程图的过程中，需要把自己想象成使用者或者所设计的对象，把流程按逻辑顺序表达出来，即可完成一幅流程图。图5-14是反映家庭照明系统工作流程和用户使用过程的流程图。当我们已经很好地掌握了流程图绘制的精髓以后，就可以对流程图进行一些美化和变形。好的流程图会用一些图片代替文字，或者利用一些图形来强化流程图的易读性。

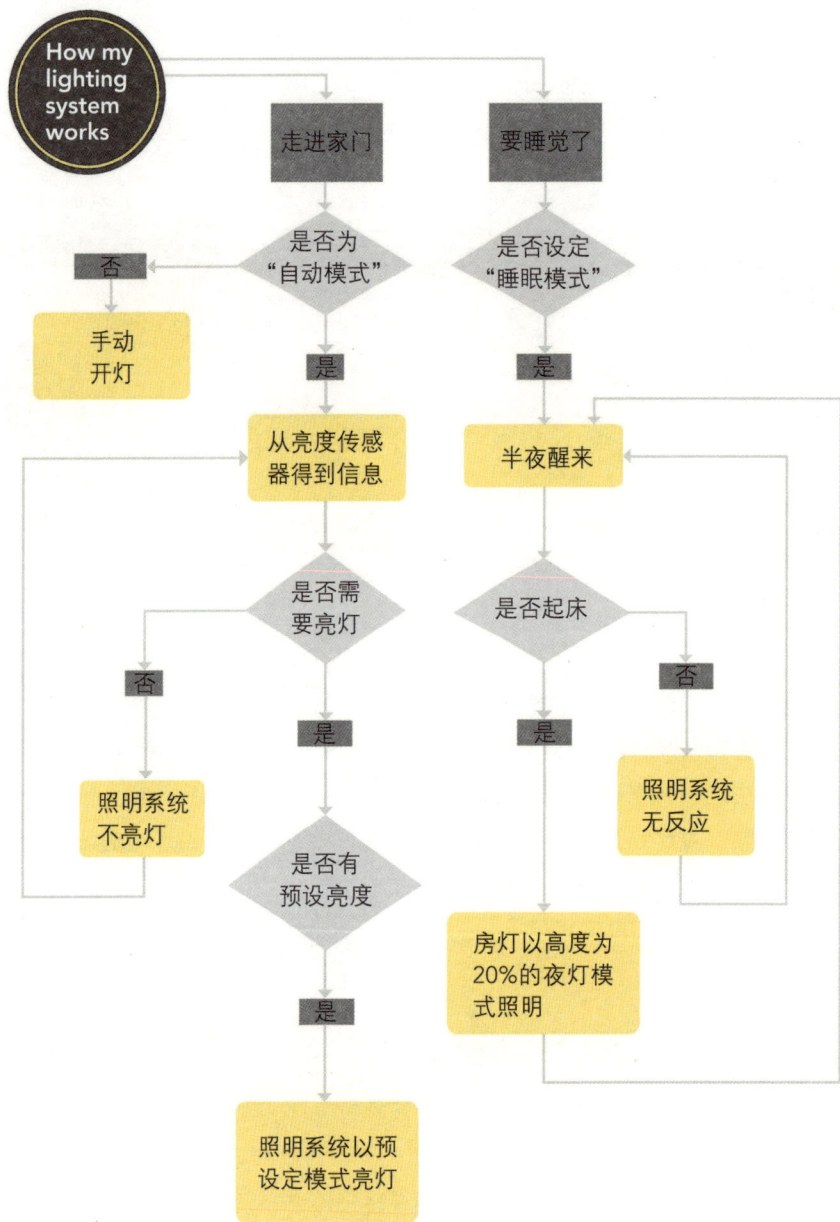

How my lighting system works

走进家门 — 是否为"自动模式" — 否 → 手动开灯 / 是 → 从亮度传感器得到信息 → 是否需要亮灯 — 否 → 照明系统不亮灯 / 是 → 是否有预设亮度 — 是 → 照明系统以预设定模式亮灯

要睡觉了 — 是否设定"睡眠模式" — 是 → 半夜醒来 → 是否起床 — 否 → 照明系统无反应 / 是 → 房灯以高度为20%的夜灯模式照明

图5-14　家庭照明系统使用流程图/陈玉凤、姜巍

案例二

亚历山大·德塞迪教授在工作坊运用了多张图表来诠释产品体系。如果把设计放在社会、经济、环境系统中来考察，设计的概念可以描述为由"物质层面"（指传统的产品造型设计）向"非物质层面"拓展的过程，这就是"产品体系"。这个体系把复杂的物质与非物质因素全部结合在一起，成为企业发展的新战略。产品体系是当今设计的主题，所涉及的物质的和非物质的因素包括产品造型、情感因素、功能、传播、服务和销售场地的展示等内容。这个体系引发了深层次的变革——设计被引入企业的日常运营中，不再是一种技术（为达到更好的产品技术表现），也不再是一种审美原则（为了更好的造型表现），甚至在观念上也不再是形式与功能的关系。引入设计，更像是一种企业文化的变革，而不仅仅是解决实际的技术问题（图5-15）。

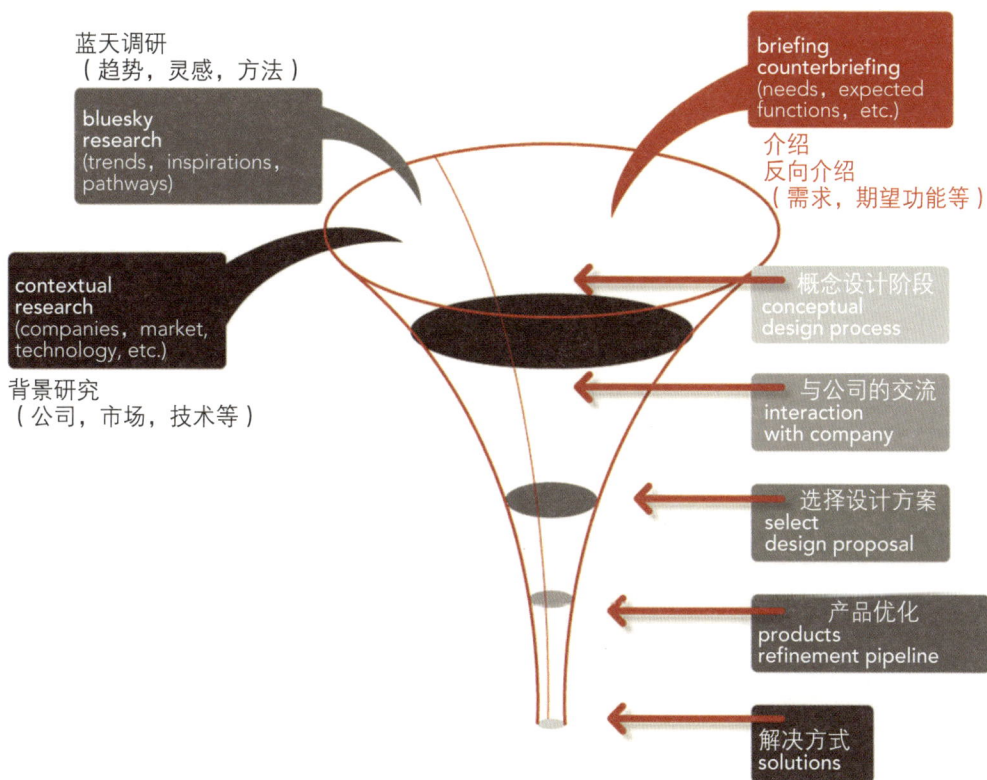

图5-15　产品开发设计流程图/Alessandro Deserti（意大利米兰理工大学）

5.2 视觉化表达

5.2.1 故事板

故事板是图解人与物品如何交互的一种方式。如果说设计概念关注的是人与物品交互的场景，那么故事板就是建立一个物品被使用的场景。故事板描述的是某个实体的"功能"，由一系列分镜头组成，表达一个完整的故事。故事板在设计前期有助于设计者与用户沟通，深化概念，发现问题，并衍生出新的概念，在后期则可以用于设计概念的展示与表达。

故事板的内容包括四个部分：角色、产品、环境、行为。故事板中的角色即设定的人物，在故事板中需要赋予其合适的身份与性格特征。故事板中的产品就是创意设计的对象物，这个对象物不一定是具体的产品，而往往是表达某个"功能"，故事情节的展开就是演绎该功能的使用情景和过程（图5-16）。

图5-16　设计概念故事板/倪仰冰、钱春源、王椒、李爽、张和聘/
指导：Francesco Zurlo（意大利米兰理工大学）

环境是故事所发生的背景和场景，是情景的概念，一般包括时间、地点等内容。环境不但包括物理环境，有时也包括社会环境。比如在进行盲人产品的故事板设计时，会表现盲人的生活现状与心理状态，即社会环境，而故事发生的场所就是前面所提到的物理环境。故事板中的环境可以反映设计概念使用时的社会状况、经济状况等背景因素。行为，即人的行为与对产品的反馈，是具体的人和系统的交互行为，它将人、物与环境结合起来，构成整个故事的内容。

5.2.2　构建原型

设计思维的关键部分是实施环节，将概念设计产生的最好的想法转变成一个具体的可供测评的行动。实施环节的核心是构建原型，将想法变成可供测试、改进和优化的实际的产品或服务。构建原型有助于发现那些事先未曾预见到的挑战和意料之外的结果，从而确保最终带来长期的可靠的成功。

在原型构建过程结束，最终产品与服务被开发出来后，整个设计团队要研究一个沟通策略，用讲故事的形式，特别是借助多媒体来跨越语言与文化等的障碍，帮助团队向机构内部与外部的利益相关者们解释自己的解决方案。设计制作原型是对概念的推敲与验证，是一个必要的过程。概念原型不是一般意义上的外观模型——让别人看的模型，而是让自己体验的模型，因此对模型材料、逼真性、美观性等要求不高，可以采用随手可得的材料，最常用的是纸张、泡沫板、橡皮泥等易成型的、廉价的、加工时所花时间不多的材料。一个灯具的设计可能需要制作几十个概念模型来验证各种可能性，且对模型的精细程度有要求，因为模型的精细程度决定了设计细节的准确程度。图5-17、图5-18所示的是工作坊学员对手持灯具的概念模型进行揣摩、体验、证实等。

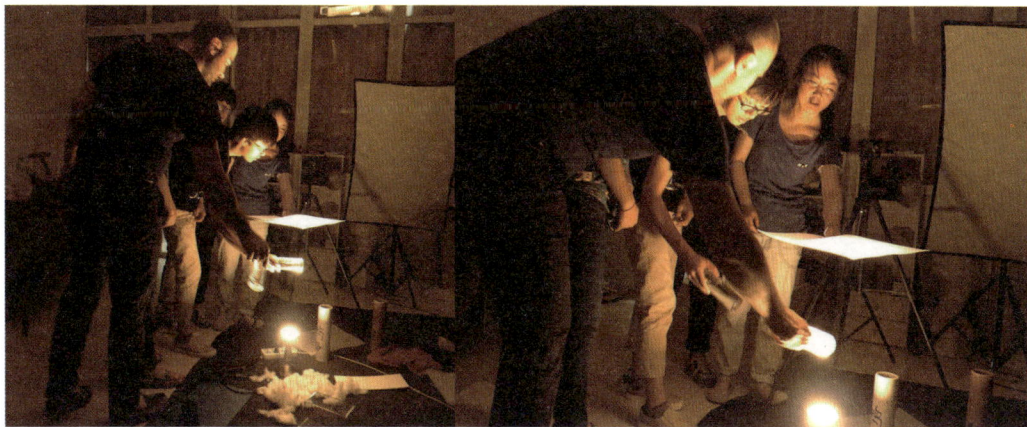

图5-17　对人造光设计概念模型进行验证/指导：Lorenzo Piazzi（意大利设计图书馆文化协会）

图5-18　对用模型板制作的概念模型进行手感体验/指导：Egon Chemaitis（德国柏林艺术大学）

案例解析

　　概念确定以后，细节的设计尤为重要。许多设计实验就是要对人机关系进行研究，包括与产品相关的尺度、空间等。船艇设计中内部的空间布局很大程度上影响了船艇的体量与造型，而空间布局的细节设计需要把关注点转到用户体验，以及产品的功能、易用性等方面，使产品从"可以使用"变为"易于使用"，甚至让人"乐于使用"。全尺寸空间体验适用于一些带有空间布局设计的产品，可以帮助设计者掌握空间布局的合理性，并体验使用的舒适度。下面是"休闲艇工作坊"的原型体验过程（图5-19）。

① 准备好多种颜色的胶带、剪刀、卷尺、硬尺等工具。

② 绘制所设计船艇的尺寸与空间布局的图纸。

③ 选择一块足够大且平坦的场地，在地面上用胶带贴出船艇俯视图的轮廓。

④ 用胶带在休闲艇轮廓当中贴出布局并标注，如驾驶舱、甲板、观光舱、桌椅、电视屏等（对不同类型的分割线或边缘可选择彩色胶带纸进行区分）。

⑤ 团队成员在等尺寸船艇布局当中进行体验与揣摩，提高布局的合理性与舒适性，验证空间分割的可行性，可借助一些真实道具进行体验，如椅子、桌子等。

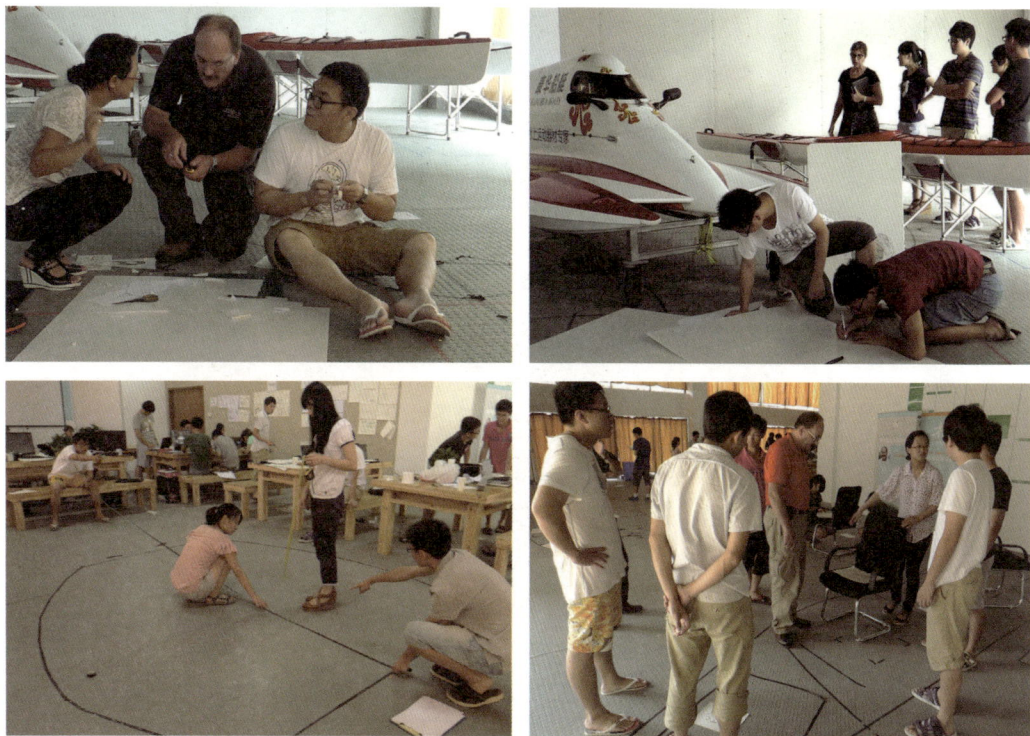

图5-19　休闲艇设计的原型体验/指导：Thomas W. Roney、Carolyn Peters（美国创意设计学院）

　　待所有的尺寸都被验证、确定以后，对整体的造型设计也需要做一个评估。这个步骤是运用设计思维进行判断的过程，要选择易加工、方便成型的材料，在较短的时间内做出一个方便人们对整体形象做出判断的模型。比较合适的是鱼骨模型，这是一种展现整体造型的模型，简单方便，极易在课堂中操作，可用来帮助设计者揣摩形态造型。鱼骨模型制作材料一般采用方便加工的KT板、模型板等。其制作步骤如下（图5-20）。

①　设计模型比例，确定模型尺寸。

②　按照所需模型的精细程度确定鱼骨构造中的间隙，间隙越小，模型越精确。也可选择不等量间隙设计，在形态变化较多的部分选择较小间隙以提高精确度，在不影响整体造型的情况下可适当加大间隙。

③　按所设计的间隙在绘图纸上绘制鱼骨模型。

④　根据制图上的尺寸和形态，切割构造中的每一块板材，并为每一块板材零件编号，以方便安装。

⑤　组合所有板材零件，调整出最终的鱼骨模型。

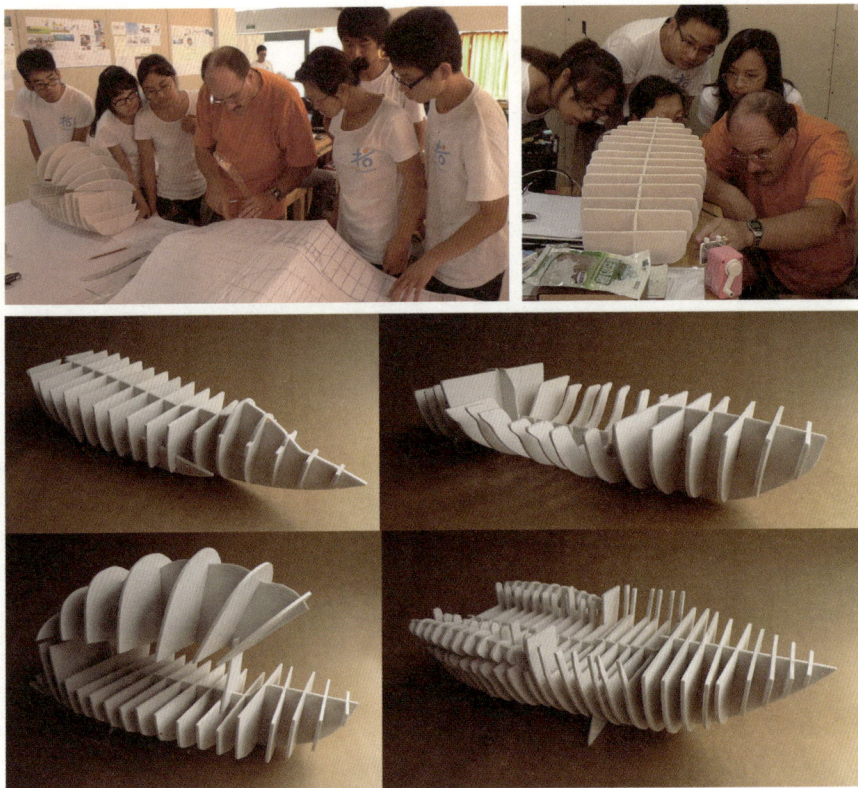

图5-20　**休闲艇鱼骨模型/指导：Thomas W. Roney、Carolyn Peters（美国创意设计学院）**

5.2.3　交流发表

在讨论、研究、动手制作等的循环反复中，设计思维得到了充分的展现与锻炼。交流发表是工作坊的重要环节。作为结果的展示，最被关注的是概念的突破性创新，而不是简单的形态或者功能。作品发表一般采用三维模型表达产品的形态结构，并结合使用场景充分展示设计概念的价值。设计表达是否有力、完善直接影响观众的认同度。作为工作坊的成果展示，本章5.1.2的设计程序包含了完整的内容：团队介绍、产品调研、思维导图、概念描述、故事板、产品功能、用户体验等。

发表包含两种方式：现场答辩和版面、模型展示（图5-21、图5-22）。

现场答辩一般由工作坊导师主持，企业科研和市场开发人员、记者、学校和政府相关部门负责人，以及工作坊全体师生参加，力求在紧张而热烈的氛围中进行。演讲和答辩时要注意以下几点。

① 演讲准备：在演讲开始前，小组成员应设计好大致的演讲流程，每个小组成员都应清楚自己的职责与所负责的内容。

图5-21 工作坊现场答辩

图5-22 工作坊作品展示

② 着装要求：正式的着装可以展示设计团队对观众的尊重，以及对此次演讲的重视，可以给观众一个很好的第一印象。

③ 设计陈述：演讲者要自信、大方，对自己的设计充满信心，并抱着与大家分享的心态介绍团队设计，切不可观众一问问题就紧张，唯唯诺诺，而要抱着探讨的心态欢迎各种讨论。

④ 演讲技巧：演讲者在演讲过程中要注意与场内观众的眼神交流，切不可眼睛只盯着一个地方，或者全程看着幻灯片进行演讲。

⑤ 现场答辩是用PPT来展示设计理念、细节与背景内容，大致包括调研、设计概念与设计展示几个部分。

⑥ 在版面设计中需要在有限的空间里高效地表达设计过程中最重要的部分：团队介绍、调研、设计概念、产品功能及用户体验等内容（图5-23）。

图5-23 设计陈述PPT/王莹、刘文伟、林定松、周珏远、王相洁、徐洪孟

5.2.4 工作坊作品

工作坊作品如图5-24～图5-31所示。

图5-24　新材料设计/崔振宁、刘巧民、潘文君、陆鑫盈、汪文涛/
指导：Egon Chemaitis（德国柏林艺术大学）等/企业导师：陈文彬、江海波

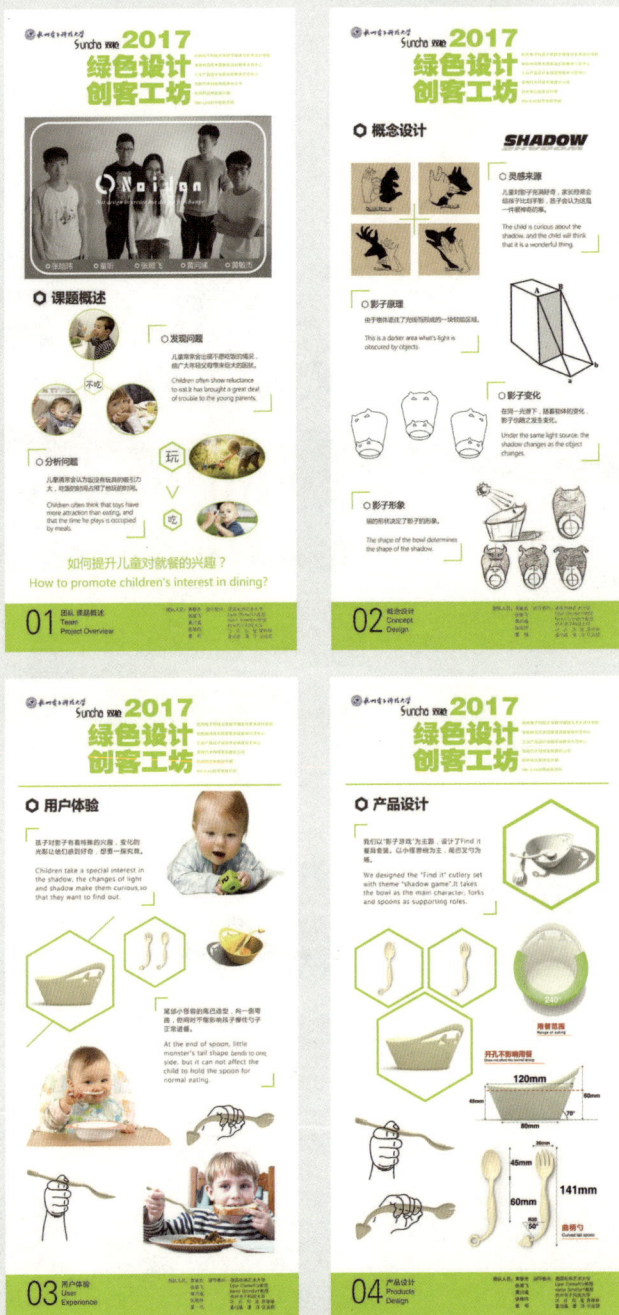

图5-25　新材料设计/黄敏杰、张顺飞、张皓玮、黄问彧、童昕/
指导：Egon Chemaitis（德国柏林艺术大学）等/企业导师：陈文彬、江海波

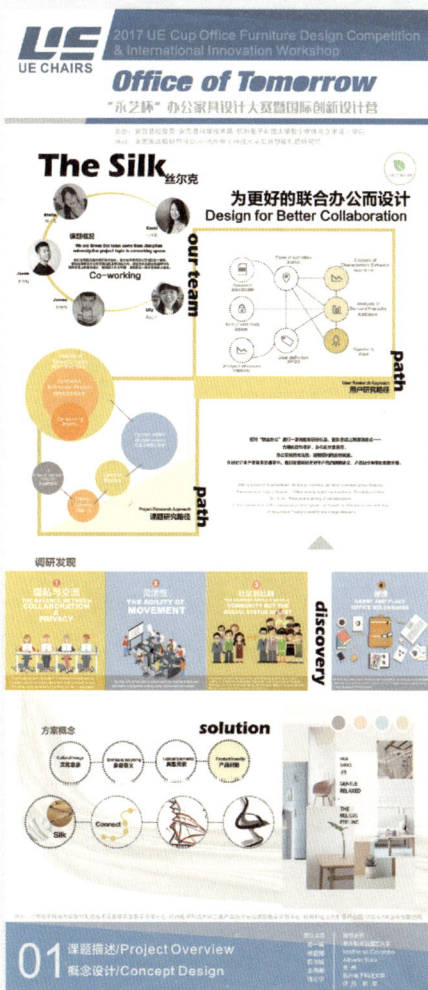

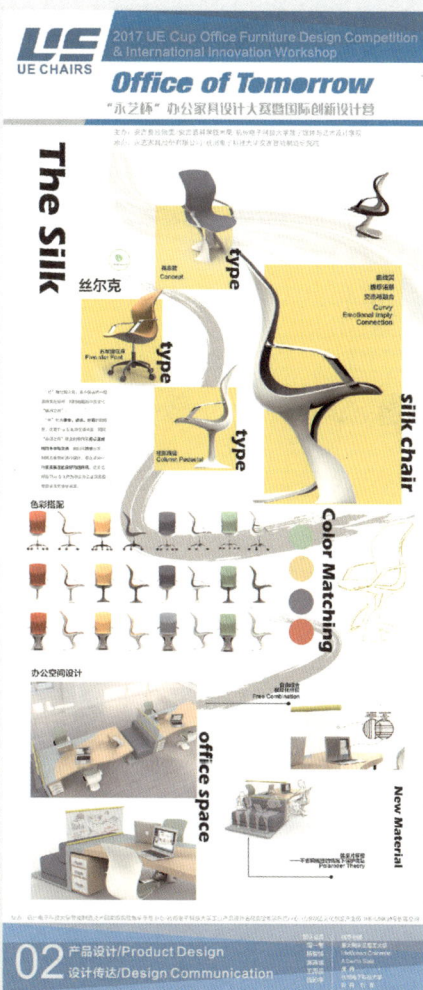

图5-26　办公家具/周一苇、王雨辰、杨智博、郭沛城、钱沁宇/
指导：Idelfonso Colombo、Alberto Sala（意大利米兰理工大学）等

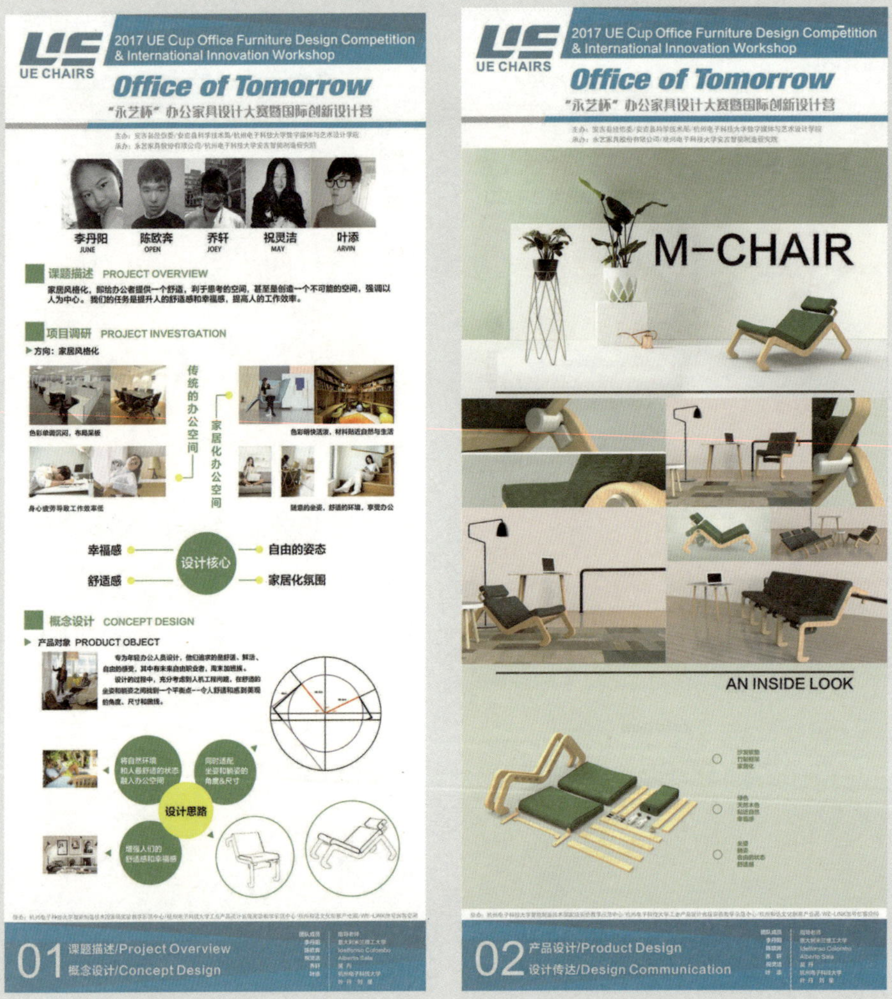

图5-27　办公家具/李丹阳、陈欧奔、叶添、乔轩、祝灵洁/

指导：Idelfonso Colombo、Alberto Sala（意大利米兰理工大学）等

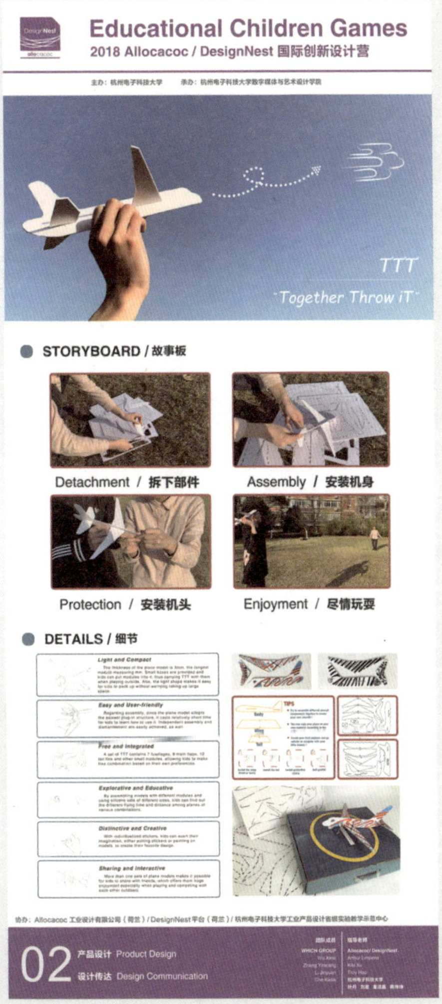

图5-28　儿童教育玩具/李金媛、邬昕熙、车楷来、章寅祥/企业导师：Arthur Limpens（荷兰）等

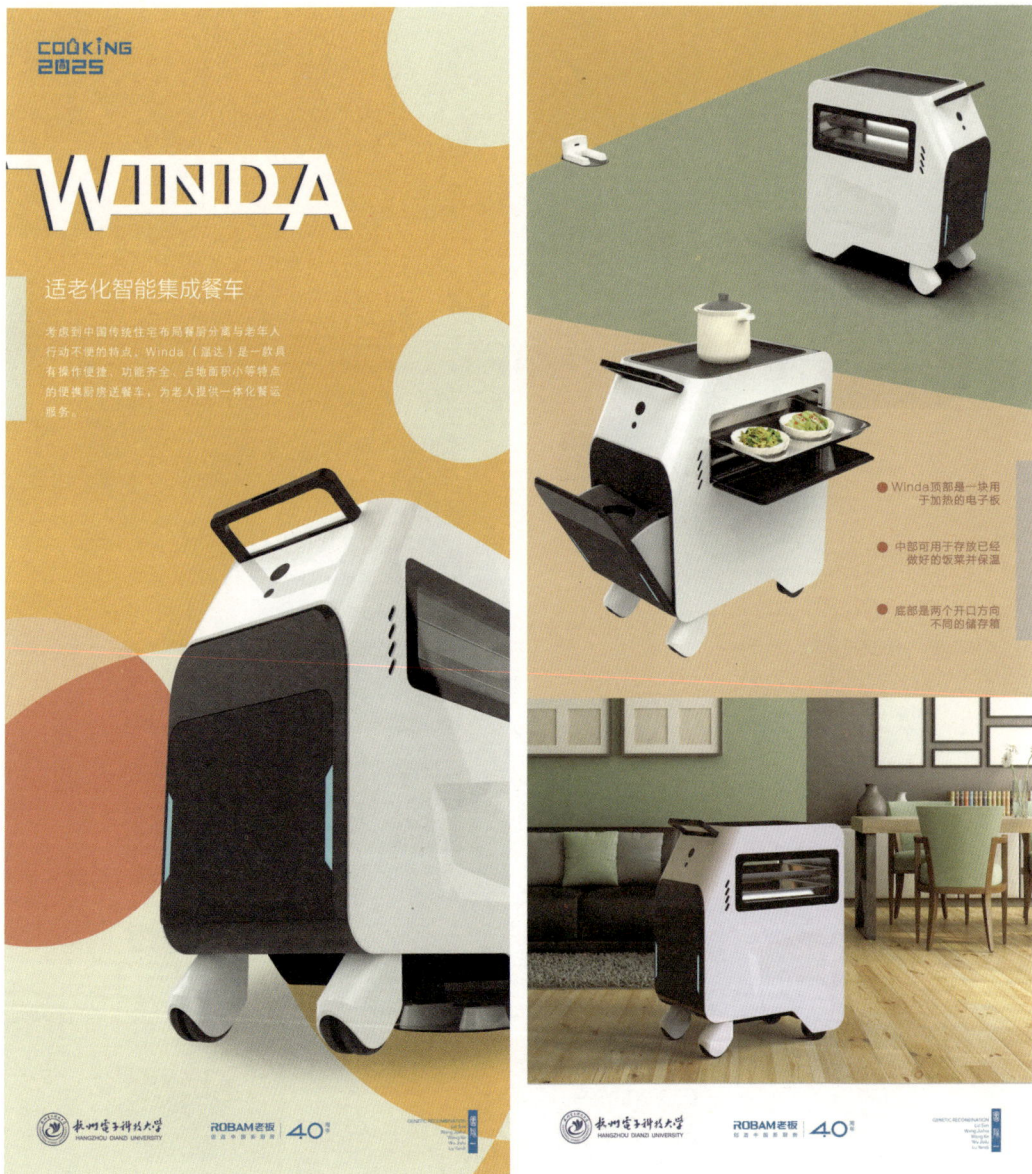

图5-29 Cooking 2025/林森、王嘉辉、吴佳璐、陆炎迪、王珂/指导：Vladimir Buzanic、Pietro Lenzerini、Yiwei Zhou（意大利米兰理工大学）/企业导师：张银锋等（老板电器）

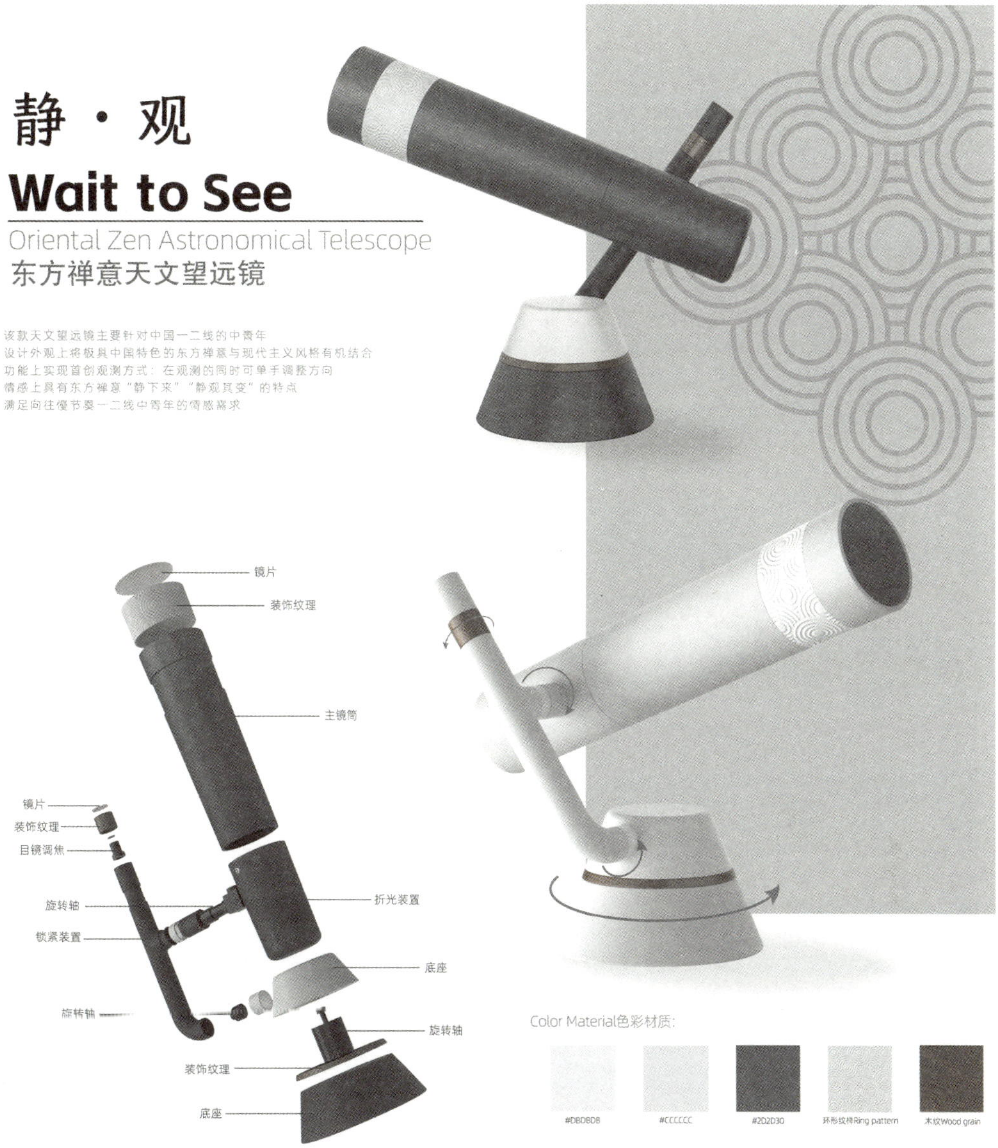

静·观
Wait to See
Oriental Zen Astronomical Telescope
东方禅意天文望远镜

该款天文望远镜主要针对中国一二线的中青年
设计外观上将极具中国特色的东方禅意与现代主义风格有机结合
功能上实现首创观测方式：在观测的同时可单手调整方向
情感上具有东方禅意"静下来""静观其变"的特点
满足向往慢节奏一二线中青年的情感需求

镜片
装饰纹理

主镜筒

镜片
装饰纹理
目镜调焦
旋转轴
枕紧装置

折光装置

旋转轴

底座

旋转轴

装饰纹理

底座

Color Material色彩材质：

#D8D8D8   #CCCCCC   #2D2D30   环布纹样Ring pattern   木纹Wood grain

图5-30   东方禅意天文望远镜/陈婉婷、杨婷婷、毛文涛、胡航玮、张同宇/
企业导师：沈骏翔、杨鹏义（星特朗）

图5-31　天文望远镜概念设计/王璐祯、杜逍云、周嘉进、唐瑾天、徐越/
企业导师：沈骏翔、杨鹏义（星特朗）

▌附录：AI伴学内容及提示词▐

使用AI生成平台，如Deepseek、文心一言、豆包、通义千问、Stable Diffusion等进行拓展学习。下面根据本书各章节的学习内容，梳理出了相关提示词供参考。

AI伴学内容	序号	提示词
（1）设计思维概论	1	列举"设计"在不同行业中的不同用途，并针对每个用途提供真实案例进行说明
	2	给出几个可以用于训练发散型思维的产品设计类思考问题
	3	用表格的方式对"多向思维""知觉思维""设计思维"的具体含义进行归纳，并说明三者之间的关系
	4	生成一张以"麦比乌斯曲面"为核心元素的生活产品创意图，要求具有真实感、富有创造力
	5	撰写一段关于如何在用户观察计划中更好地使用"同理心"的方法说明，突出设计师如何关注细节与用户需求
	6	完善一个以"责任"为主题的头脑风暴剧本，添加角色个性特征，优化情节设置，使故事更加合理丰满
	7	举例说明科技、人文与设计之间如何实现"真善美"的平衡，并结合具体案例进行分析
	8	以一个具体的设计创新案例为基础，分析设计思维在其中如何辅助创新过程
（2）多向思维——打开思路的方法	9	生成10个可用于训练逆向思考能力的问题，并在最后统一提供标准答案
	10	请将爱德华·德·波诺的横向思考法与产品设计流程的具体阶段建立对应关系，用表格方式呈现
	11	根据给出的"筷子的用途"横向思维结果，将其按"变通性"和"独特性"两个维度进行分类与排序
	12	请说明非文字思维内容与抽象状态之间的关系，并通过实例进行解释
	13	请说明"异质同化"和"同质异化"在类比思考中是否有先后顺序，并提出高效进行类比思维的方法
	14	展示如何在一张思维导图中清晰地呈现类比构思内容
	15	请按时间顺序梳理"头脑风暴法"的发展历程，并指出其在不同阶段的改进点

续表

AI伴学内容	序号	提示词
（2）多向思维——打开思路的方法	16	给出将"逆向思考"和"横向思考"与头脑风暴法结合使用的建议方法
	17	推荐几种能够有效展示头脑风暴成果的视觉化表达方式
	18	根据头脑风暴中最具创意的想法，生成一个初步产品演示模型的图像
（3）知觉思维——手脑联动的方法	19	详细说明背侧视觉系统、腹侧视觉系统和颞叶在认知过程中的作用与相互关系
	20	列举培养直觉感悟能力的具体方法，并说明如何将其转化为对设计可能性的探索
	21	列出埃舍尔与数学相关的经典画作，并简要说明每一幅作品的数学特性
	22	解释什么是"三向度"的连接，并列出设计中常见的连接方式与要求
	23	分析折叠结构中哪些结构形式具有强度，并指出其在哪个方向上强度更高
	24	举出自然界中与"保护"相关的结构示例，可作为设计灵感参考
	25	请说明《视觉思维》中阿恩海姆是如何论证"解构后的意象仍具有可识别性"的，并结合实例进行解释
	26	列出一些能够证明"心灵意象是创意设计基础"的真实设计案例
（4）设计思维——设计研究的方法	27	请用图示表达出系统设计流程中常用的图解、草图、流程图、矩阵图和思维导图的关系与作用
	28	对比系统设计中常用模型（概念模型、测试模型、工作模型、展示模型）的材料及其优缺点
	29	制作关于"环保快递"的服务流程图，展现服务设计中用户与关键触点的互动路径及反应节点
	30	绘制评估未来办公方式的流程图，呈现情感化设计中用户体验反馈的采集、分析与优化步骤
	31	说明在可持续设计中，项目初期的环境和生产需求如何影响后续设计决策与优化方向
	32	设计故事板，表现智能化设计场景中用户与AI系统互动下的行为与情绪变化

AI伴学内容	序号	提示词
（4）设计思维——设计研究的方法	33	制作玩具产品的生命周期图，标出数字化设计流程中涉及的数据节点与关键决策点
	34	生成灵感板与概念板，表达情感化设计与可持续设计中生态材料的视觉感知与使用情境
	35	用图示对比系统设计中概念地图与思维导图的结构特点与使用范围
	36	总结在智能化设计原型测试中常见的评估方法，并说明它们在功能改进中的应用方式
（5）设计思维工作坊	37	请说明开发者如何转变为能讲好故事的人，并提出具体训练方法
	38	解读系统思维的定义、内涵，并结合设计实践进行解释
	39	解释流程图如何推动设计概念不断优化，并举例说明
	40	分析可视化在设计流程中出现频率最高的环节，并说明哪些阶段需要重点关注可视化表达
	41	举例说明故事板的常见应用场景与功能作用
	42	请说明在产品实物推敲过程中，如何继续推进尺度和空间规划
	43	给出一个有效的交流与设计发表流程，使设计观点表达更吸引人，设计展示更具说服力
	44	解读整体论的思想主张，并结合设计案例说明其在实际操作中的意义
	45	请定义产品整合的概念，并通过实际设计项目加以说明
	46	完善"产品系列化设计"的定义、常用方法及基本流程，并举例说明其在实际项目中的应用方式

参考文献

[1] [德]克里斯托弗·迈内尔，等. 设计思维改变世界[M]. 平嬿嬿，李悦，译. 北京：机械工业出版社，2017.

[2] [瑞士]皮亚杰. 发生认识论原理[M]. 王宪钿，等，译. 北京：商务印书馆，1997.

[3] [美]麦金. 怎样提高发明创造能力——视觉思维训练[M]. 王玉秋，吴明泰，于静涛，译. 大连：大连理工大学出版社，1991.

[4] [美]詹森. 艺术教育与脑的开发[M]. 北京师范大学"认知神经科学与学习"国家重点实验室脑科学与教育应用研究中心，译. 北京：中国轻工业出版社，2005.

[5] [美]鲁道夫·阿恩海姆. 视觉思维[M]. 滕守尧，译. 北京：光明日报出版社，1987.

[6] [英]布莱恩·劳森. 设计思维——建筑设计过程解析[M]. 范文兵，范文莉，译. 北京：知识产权出版社，中国水利水电出版社，2007.

[7] 刘道玉. 创造思维方法训练[M]. 2版. 武汉：武汉大学出版社，2009.

[8] 傅世侠，罗玲玲. 科学创造方法论[M]. 北京：中国经济出版社，2000.

[9] 叶丹. 用眼睛思考——视觉思维实验教学[M]. 2版. 北京：中国建筑工业出版社，2017.

[10] 张丰，管光海. 项目化学习慕课研修手册[M]. 北京：教育科学出版社，2022.